理工类本科
毕业论文（设计）
指导书

主编　张健东　吴海涛　张　锋　陈晓艺

副主编　季　田

清华大学出版社

北京

内 容 简 介

本书按照《大连工业大学毕业设计(论文)工作规范》的要求,从指导学生应用的角度,详细讲述了理工类专业毕业论文(设计)从选题、开题、中期检查和答辩各个环节的要求与写作(设计)方法。

全书内容共分6章,包括毕业论文(设计)选题、文献综述与外文翻译、毕业论文(设计)开题、毕业论文(设计)中期检查、毕业论文(设计)写作、毕业论文(设计)答辩。本书理论联系实际,除第5章外,每章后都附有相对应的模板,并给出了毕业论文(设计)撰写的常见问题与指导建议。

本书可作为大连工业大学理工类专业本科四年级学生的毕业论文(设计)教材,也可供其他院校理工类专业四年级学生参考。

本书作者均为指导理工类专业学生毕业论文(设计)多年的专业教师,本书也是他们教学实践与经验的结晶。

图书在版编目(CIP)数据

理工类本科毕业论文(设计)指导书/张健东等主编.—北京:清华大学出版社,2024.6
ISBN 978-7-302-62511-7

Ⅰ.①理… Ⅱ.①张… Ⅲ.①理科(教育)-毕业论文-写作-高等学校-教学参考资料
Ⅳ.①G647.32

中国国家版本馆 CIP 数据核字(2023)第 021825 号

责任编辑:冯　昕　苗庆波
封面设计:傅瑞学
责任校对:薄军霞
责任印制:丛怀宇

出版发行:清华大学出版社
　　　　网　　　址:https://www.tup.com.cn,https://www.wqxuetang.com
　　　　地　　　址:北京清华大学学研大厦 A 座　　　　邮　　编:100084
　　　　社 总 机:010-83470000　　　　　　　　　　邮　　购:010-62786544
　　　　投稿与读者服务:010-62776969,c-service@tup.tsinghua.edu.cn
　　　　质量反馈:010-62772015,zhiliang@tup.tsinghua.edu.cn
印 装 者:涿州汇美亿浓印刷有限公司
经　　销:全国新华书店
开　　本:185mm×260mm　印　张:6.25　　　　字　　数:136 千字
版　　次:2024 年 6 月第 1 版　　　　　　　　印　　次:2024 年 6 月第 1 次印刷
定　　价:28.00 元

产品编号:099476-01

前　言

　　毕业论文(设计)是普通高等院校四年级学生完成本科阶段学业的最后一个教学环节,作为在校期间学习成果的总结,是本科阶段学习生涯的点睛之笔和收官之作。毕业论文(设计)是按一门实践课程设计的,是实现培养目标的重要教学环节,也是培养大学生的创新、实践能力和创业精神的重要环节。同时,毕业论文(设计)的质量亦是衡量教学水平,以及作为学生毕业与学位资格认定的重要依据。

　　在近几年指导理工科学生毕业论文(设计)的过程中,我们深感学生存在毕业论文(设计)不规范和论文(设计)质量参差不齐等诸多问题,学生普遍反映缺少相关的规范与模板,对毕业论文(设计)的环节与内容要求缺少了解。针对上述情况,为了进一步强化和完善毕业论文(设计)的规范化要求与管理,按照《大连工业大学毕业设计(论文)工作规范》的要求,编写了本教材。从指导学生应用的角度,详细阐述了理工类专业毕业论文(设计)从选题、开题、中期检查到答辩各个环节的要求与写作(设计)方法。

　　本书强调实用性,使毕业论文(设计)工作有据可依,有本可循。希望本书的出版能在规范撰写,提高毕业论文(设计)质量上,尽我们的绵薄之力,为学生的毕业论文(设计)提供指导。

　　本书的出版得到了清华大学出版社的大力支持与帮助,也凝结了大连工业大学许多同仁的辛勤劳动和智慧。本书由张健东总策划,提出总体写作框架,并承担组织协调等工作,其中,第1章由陈晓艺、俞志敏撰写,第2章由王志超撰写,第3章由吴海涛、艾春青撰写,第4章由李博撰写,第5章由季田撰写,第6章由张锋、张新欣撰写。全书由季田统稿。最后,由张健东、吴海涛、张锋、陈晓艺进行全书审核。

　　本书的撰写和出版得到了大连工业大学教务处的大力支持,相关学院有关师生在本书编写过程中提出了大量宝贵意见,在此一并表示感谢。

编　者

2024 年 3 月

目 录

第**1**章

毕业论文（设计）选题

1.1 毕业论文（设计）选题的基本要求及注意事项

1.1.1 选题的基本要求

选题应结合本专业的行业产业发展趋势,科研、教学和实验室建设的现状,也可以根据教学要求模拟选题,选题的内容应涵盖本专业主干课程的内容。

提倡选择学科交叉融合的题目,鼓励成绩优秀学生在教师指导下自己提出选题。学生每人一个选题;如果必须由多名学生共同完成的课题,应明确每名学生的子题目,并在内容上进行区分。

选题应避免出现与往届内容重复,严禁将往届的毕业论文（设计）、图纸及设计报告等(包括电子文稿)借给学生,杜绝抄袭现象。

1.1.2 选题的注意事项

1. 选题类型及难度

提倡毕业论文和毕业设计相结合的形式开展选题工作。各专业可根据学科专业建设的实际,设定一定数量的毕业设计或论文题目供学生选择。选题工作量应以学生每天工作 6～8 小时、12～14 周能够完成或取得阶段性成果为宜。

2. 开题程序

指导教师须将毕业论文（设计）的选题和所需基本条件准备好,报系(教研室)讨论审核,以确立选题。系(教研室)对选题质量全面负责,严格审查选题,选题确定后教师和学生在管理系统内进行双选。双选确定后,学生须针对所选题目进行调研,收集整理资料文献,论证方案,各学院应通过开题报告会、开题答辩等方式进一步严格审核前期材料,并对论文（设计）的研究方法、方案及实现途径等是否科学合理进行全面论证,论证合格后方可正式进入论文（设计）的实施过程。

3. 校外毕业论文（设计）的管理

在校外进行的毕业论文（设计）由学院负责管理,学院(系)应与指导单位签署指导安全协议，学生应与学院（系）签署安全协议。凡提出到校外做毕业论文（设计）的学生，必须在校内毕业论文（设计）工作开始两周内将本人申请书（校内指导教师签字同意）提交给所在学院（系），经同意批准后报教务处备案。

4．题目变更

毕业论文（设计）任务一经下达，不得随意变动，如因特殊情况确需变更，须在平台上履行变更手续。学生提出申请，说明变更原因，经指导教师和系主任（教研室主任）同意，主管教学工作的副院长批准后执行。原则上在毕业论文（设计）中期检查后不再进行课题变更。

1.2　毕业论文（设计）选题要求

1.2.1　轻化类专业选题方向

1．轻化工程专业

1）选题简介

毕业论文（设计）选题可以涉及工程设计、理论研究、实验研究等方面，内容可以涉及无污染制浆技术、轻化工清洁生产工艺、功能纸与加工纸、生物质精炼、植物纤维新材料研发等轻化工程专业的相关方向，确保通过毕业环节专项工作，巩固学生的轻化工程理论知识及基本技能。选题应注重实践能力的培养，并体现一定的创新性。

2）论文选题名录（不限于）

（1）无污染制浆技术及轻化工清洁生产工艺

① 瘤胃菌厌氧消化造纸污泥工艺设计及菌群结构演替规律研究。

② 芦苇水热氧碱两步预处理提高酶解效率的研究。

③ 稻草生物机械浆制备瓦楞原纸工艺研究与设计。

④ 抑制制浆过程纤维白度降低的初步研究。

⑤ 造纸污泥基碳材料的制备及方案设计。

（2）功能纸与加工纸

① 生物质基超疏水纸的制备及其功能研究。

② 硅藻土壁纸用涂料配方的综述及涂料制备流程设计。

③ 稻草纤维基地膜纸工艺研究与设计。

④ 石墨烯的制备及其改善纸张的阻隔性能研究。

⑤ 石墨烯复合纸的制备及其在处理含亚甲基蓝废水中的应用。

（3）生物质精炼

① 功能性碳氮材料光催化氧化合成乳酸。

② 稻壳和喷浆玉米纤维糖化发酵产 L-乳酸的研究。

③ 生物柴油氧化安定性调控与测试装置设计。

④ 工业木质素的分离、提取与纯化。

⑤ 竹材木质素的分离流程设计及其催化氢解为酚类化合物的研究。

（4）植物纤维新材料研发

① 纤维素纳米晶体制备方法综述与设计。

② 木质素/海藻酸钠复合薄膜的制备及其性能研究。

③ 木质素基环保胶黏剂的制备及应用。

④ 磁性玉米秸秆基多孔材料的制备及设计。

⑤ 木质素工业化提取及其在柔性阻燃材料制备过程中的应用设计。

3）设计选题名录（不限于）

（1）制浆车间设计

① 设计供生产复印纸的年产 20 万 t 杨木硫酸盐浆生产线。

② 设计年产 30 万 t 书写纸的洗选漂车间。

③ 设计供生产新闻纸的年产 25 万 t 废纸制浆生产线。

④ 设计日产 400 t 硫酸盐木浆碱回收车间重点燃烧工段。

⑤ 设计日产 500 t 杨木/芦苇浆混合浆厂碱回收车间。

（2）造纸车间设计

① 设计日产 320 t 颜料整饰胶版纸的抄纸车间。

② 设计日产 10 t 农用地膜纸的抄纸车间。

③ 年产 20 万 t 铜版原纸抄纸车间的初步扩大设计。

④ 设计年产 20 万 t 笔记本纸的抄纸车间。

⑤ 设计年产 30 万 t 350 g/m^2 纸杯原纸的抄纸车间。

（3）生物质炼制车间设计

① 设计年产 20 万 t 乳酸的生产车间。

② 设计年产 10 万 t 木糖酸的生产车间。

③ 设计年产 10 万 t 糠醛的生产车间。

④ 设计年产 10 万 t 乙醇的生产车间。

⑤ 设计年产 10 万 t 木质素的生产车间。

2．化学工程与工艺专业

1）选题简介

毕业论文（设计）选题要与对应专业相吻合，根据自身的知识结构、实验条件等选取合适的研究课题。尽量选择结合生产和科研单位的实际任务，具有明显的专业背景和明确的研究目的的课题，最好是学生本人或学院与合作单位相关的实验研究、化工设计、技术改造、工程放大、产品开发等课题或教师的科研课题，结果要具有一定的理论意义、经济效益或社会效益。通过该选题的研究能反映出学生综合运用所学知识分析和解决本专业实际问题的能力。通常不提倡做文献综述类毕业论文（设计）的选题。

论文（设计）选题的题目是所研究内容的高度概括，要简短精练、难易适当，贴切反映论文（设计）的主要工作内容，不要大而空，题目名称一般不应超过 20 字。论文（设计）选题的方向主要包括：化学工程、化学工艺、催化剂工程、石油化工、环境化工、有机化工、无机化工、能源化工、材料化工和精细化工等。

2）论文选题名录（不限于）

（1）材料化工

① 负载于玉米秸秆上的铜纳米粒子的绿色合成。

② 偕胺肟基玉米秸秆对重金属离子的吸附研究。

③ 超级电容器电极材料 CuS@CoS 的制备及其性能研究。

④ 水热法制备 CuS@Cu$_2$S 及其电化学性能的研究。

⑤ 生物碳基吸波材料的制备研究。

（2）有机化工

① 离子液体/盐酸/甲醛体系中木质纤维生物质预处理。

② 水热法制备酶解木质素基电极材料的研究。

③ 金属氯化物低共熔溶剂的制备及氨吸收性能的研究。

④ 硫化铜晶体的可控合成及其电化学性能的研究。

⑤ 双阳咪唑离子液体气相色谱固定相的制备。

3）设计选题名录（不限于）

（1）化学工艺

① 日产 200 t 小颗粒油页岩干馏提质工艺设计。

② 年产 20 万 t 对苯二甲酸的生产工艺设计。

③ 乙炔法制备乙酸乙烯酯液相处理工段的工艺设计。

④ 含氢硅烷聚合物生产工艺的初步设计。

⑤ 间苯二酚氨解合成间氨基苯酚的工艺研究。

（2）环境化工

① 年处理 5 万 t 含铬废水的工艺过程设计。

② 年处理 1 万 t 含磷废水的工艺设计。

③ 氯甲烷吸收工艺设计。

④ 酚醛树脂生产中含酚废水的处理工艺设计。

⑤ 基于离子液体的 CO$_2$ 及 H$_2$S 分离工艺设计。

3．应用化学专业

1）选题简介

应用化学专业毕业论文（设计）选题主要围绕化学化工领域中的化工产品合成、结构分析、性能测定、应用开发、生产工艺、生产设备等方面展开。

毕业论文选题应该具有理论研究或实际应用价值，工作应在有机化合物分子结构设计或设想、有机物合成工艺、日用化工产品制备方法或配方、催化剂构造或性能等方面有所创新。

毕业设计选题应具有实践性、实用性，在工艺流程设计、生产设备结构设计方面体现创造性；在物料衡算、热量衡算、设备选型、车间布置、环境保护、安全生产与劳动保护、经济技术指标分析等方面体现实践性与实用性。

2）论文选题名录（不限于）

（1）精细有机化工产品的分子结构设计及合成研究

① 分散染料中间体的分子结构设计及合成研究。

② 新型表面活性剂的分子结构设计、合成及应用研究。

③ 新型功能型聚合单体的分子结构设计与合成研究。

④ 活性染料中间体合成新工艺研究。

⑤ 药物中间体合成新工艺研究。

（2）日用化工产品的原料制备、产品复配及性能研究

① 新型功能型乳液的配方设计、产品制备及性能研究。

② 新型功能型面膜的配方设计、产品制备及性能研究。

③ 新型功能型洗发香波的配方设计、产品制备及性能研究。

④ 功能型保湿组分的合成及性能研究。

⑤ 新型功能型口腔清洁剂的配方设计、关键原料制备、产品配制及性能研究。

（3）新型功能型高分子材料的结构设计、合成、性能及应用研究

① 聚芳醚砜类吸附材料的制备与性能研究。

② 新型淀粉基污泥脱水剂的合成与性能研究。

③ 木质素基重金属吸附剂的合成与性能研究。

④ 超吸水材料的结构设计、产品制备及性能研究。

⑤ 超疏水材料的结构设计、产品制备及性能研究。

（4）天然产物的转化及功能化研究

① 木质素基活性炭的制备与性能研究。

② 淀粉基食品乳化剂的合成与性能研究。

③ 结构磷脂的制备及性能研究。

④ 玉米油基氨基酸表面活性剂的制备与性能研究。

⑤ 花生油基氨基酸表面活性剂的制备与性能研究。

（5）新型催化剂的构建、制备与催化性能评价

① 生物质基酸性催化剂的制备及性能研究。

② 固定化酶酯化催化剂的构造、制备及性能研究。

③ 生物质转化催化剂的构造、制备及性能研究。

④ 乙醇重整催化剂的构造、制备及性能研究。

3）设计选题名录（不限于）

（1）精细有机化工产品生产车间设计

① 年产×××吨××××分散染料生产车间设计。

② 年产×××吨××××活性染料生产车间设计。

③ 年产×××吨×××活性染料中间体×××××生产车间设计。

④ 年产×××吨××××药物中间体×××××生产车间设计。

（2）通用化工产品生产工艺（或工程）设计

① 年产×××吨乙二醇生产工艺设计。

② 年产×××吨间二甲苯生产工艺(工程)设计。

③ 年产×××吨异丙醇生产工艺(工程)设计。

④ 年产×××吨丙烯酰胺生产工艺(工程)设计。

（3）功能高分子生产车间设计

① 年产×××吨淀粉基絮凝剂生产车间设计。

② 年产×××吨木质素基吸附剂生产车间设计。

③ 年产×××吨污水处理剂生产车间设计。

④ 年产×××吨水性涂料生产车间设计。

⑤ 年产×××吨聚芳醚砜吸附材料生产车间设计。

（4）日用化工产品生产车间及配套设施设计

① 年产×××吨××××儿童面霜生产车间及配套设施设计。

② 年产×××吨××××清洗剂生产车间设计。

③ 年产×××件××××面膜生产车间及配套设施设计。

④ 年产×××吨××××洗发香波生产车间及配套设施设计。

⑤ 年产×××吨××××洗面奶生产车间及配套设施设计。

（5）天然产物资源深加工(或转化)生产车间设计

① 年产×××吨木质素基活性炭生产车间设计。

② 年产×××吨玉米油基氨基酸表面活性剂生产车间设计。

③ 年产×××吨花生油基氨基酸表面活性剂生产车间设计。

④ 年产×××吨玉米油基两性表面活性剂生产车间设计。

⑤ 年产×××吨花生油基两性表面活性剂生产车间设计。

（6）特种催化剂生产车间设计

① 年产×××吨××××加氢生产车间设计。

② 年产×××吨××××氧化生产车间设计。

③ 年产×××吨××××重整生产车间设计。

④ 年产×××吨××××生物质基固体酸生产车间设计。

（7）具有特殊结构化工设备的结构设计

① 连续硝化反应生产设备设计。

② 连续磺化反应生产设备设计。

③ 硝化反应微反应器设计。

④ ××××分离装置设计。

4．环境工程专业

1）选题简介

环境工程专业毕业论文(设计)选题主要围绕环境污染物的治理与控制、污染物处理与处置、环境可持续发展与清洁生产等内容展开,具有一定的理论意义和实用价值。选题涉及工程设计、理论研究、实验研究、调查分析等方面,包括水污染控制、固体废物处理与处置、大气污染控制、环境监测、环境化学、环境工程微生物等环境工程专业的主干课程,且体现一定的工作量及难度。

学生应通过阅读大量文献资料,通过归纳和评述有关文献,掌握该领域国内外的研究现状和发展方向。对工程设计的主要原理、工艺流程和设计参数进行分析;对研究内容的基本原理、实验过程、实验结果进行总结,提出自己的独立见解并实现其应用价值。

2)论文选题名录(不限于)

(1)光催化技术性能及应用研究

① 一维铋基光催化剂的制备及其性能研究。

② 基于 MOFs 的光催化材料的制备及其光催化性能研究。

③ 基于钒酸铋复合光催化剂的制备及其光催化性能研究。

④ 生物质碳的制备及其光催化降解污染物的性能研究。

⑤ MOFs 衍生催化剂光催化降解污染物的性能研究。

⑥ 非金属掺杂卤氧化铋的制备及其光催化降解性能研究。

(2)电催化技术性能及应用研究

① CoO 半导体光电阳极的制备及其性能研究。

② 过硫酸盐光电活化及其水处理应用。

③ 黑 TiO_2 基多孔陶瓷电极的制备与性能研究。

④ Mxene 基电极材料的制备及其电吸附去除污染物的性能分析。

⑤ Pt/C 电催化剂电化学性能分析。

⑥ ZIF-8 衍生电催化剂用于 MFC 废水发电试验研究。

(3)其他污染物处理技术的性能及应用研究

① 氮缺陷 $g-C_3N_4$ 选择性降解有机污染物。

② Al 改性秸秆生物质碳处理污水性能研究。

③ MOFs 改性滤膜去除水中 PPCPs 的试验研究。

④ 可再生生物质碳及污染物去除性能研究。

⑤ 壳聚糖碳化活化过硫酸氢盐及其水处理性能研究。

⑥ 氮掺杂还原氧化石墨烯活化过硫酸氢盐去除有机物性能研究。

3)设计选题名录(不限于)

(1)水污染控制与处理设计

① 城市生活污水处理工程设计。

② 生活污水处理及回用工程设计。

③ 各类工业废水处理工程设计。

④ 垃圾渗滤液处理工程设计。

⑤ 城市净水厂工程设计。

(2)固体废弃物处理与资源化设计

① 垃圾焚烧厂工程设计。

② 垃圾填埋场工程设计。

③ 垃圾转运站设计。

④ 危险废物处理与处置工程设计。

5．包装工程专业

1）选题简介

包装工程专业毕业论文（设计）选题可以涉及工程设计、理论研究、实验研究等方面，内容可以涉及商品包装技术与设计、销售包装设计、运输包装设计、包装新材料性能研究等包装工程专业的相关方向，以确保通过毕业环节的各项工作，巩固学生所学的包装工程理论知识及基本技能。包装工程专业是以培养工程技术领域应用型人才为目标的工科专业，是集工程、艺术和管理等多领域于一体的综合性交叉学科。理论联系实际的选题能够使学生将所学的知识结构进行重新整合，将所学理论知识与工程问题相结合，从而掌握一定的设计方法和手段，熟悉产品包装的有关标准和规范，积累一定的实践经验，培养分析问题和解决问题的能力。选题应具有一定的创新性或应用价值。在掌握基本专业知识的基础上，通过查阅文献，确定实验或设计方案，考虑多种因素的影响，提出自己的独特见解，实现毕业论文（设计）的创新性或较高的实用性，为从事包装工程领域的产品包装设计、包装规划设计、供应链管理、教育和研究开发等工作奠定一定的基础。

包装工程专业毕业论文和毕业设计选题应符合专业培养目标的要求，对专业课程知识及技能有一定的覆盖面，且具有较强的综合性；力求巩固、深化和提升学生所学的理论知识，有利于学生各方面能力的训练和综合素质的提高。

包装工程专业毕业论文（设计）大致可分为五个选题类别，即包装材料性能与制备方法研究，包装技术与方法研究，产品包装系统设计，产品包装功能开发与设计，包装加工制造类企业工艺与工厂设计等选题方向。

2）论文选题名录（不限于）

（1）包装材料性能与制备方法研究

① 食品包装防油纸涂布工艺及其性能研究。

② 包装用聚乳酸/茶多酚共混膜的制备及性能研究。

③ 防滑瓦楞纸板涂布工艺技术及其性能研究。

④ 食品包装防油纸涂布工艺及其性能研究。

⑤ 新型酚醛树脂胶的制备及性能研究。

（2）包装方法、技术研究

① 樱桃气调保鲜包装技术研究。

② 休闲食品的"零售易"包装研究。

③ 蜂窝纸板在缓冲包装设计中的方法与方案研究。

④ 工包类纸浆模塑工厂厂址选择方法研究。

⑤ 面向包装彩印图像数字水印测试的图像库构建及应用研究。

3）设计选题名录（不限于）

（1）产品包装系统设计

① ×××吸顶灯包装开发设计。

② ×××越野自行车零件系列包装设计。

③ ×××校园文化礼品包装开发设计。

④ ×××地域特色水果系列包装开发设计。

⑤ ×××新能源汽车电池包装系统设计。

⑥ ×××汽车车身结构件整体化运输包装设计。

（2）产品包装功能开发与设计

① ×××玻璃酒杯防护包装设计与加工。

② ×××时令鲜果包装箱设计与制作。

③ ×××防护包装设计与工艺设计。

④ 可折叠高效物流周转箱设计。

⑤ ×××玻璃酒杯防护包装设计。

⑥ 基于 EPE 缓冲的×××滚筒洗衣机包装设计。

（3）包装加工制造类企业工艺与工厂设计

① 纸包装制品工厂初步设计（化工产品包装纸箱）。

② 彩盒生产工艺设计及工厂初步设计。

③ 包装标签生产工艺设计及工厂初步设计。

④ 运输包装制品 ISTA 实验室的初步设计。

⑤ 塑料彩印包装制品生产工艺技术研究及工厂初步设计。

⑥ 年产 3 000 万平方米塑料软包装制品工厂初步设计。

⑦ 纸滑板生产工艺技术研究及工厂初步设计。

6．化妆品技术与工程专业

1）选题简介

化妆品技术与工程专业毕业论文（设计）选题主要围绕化妆品及日用化工及相关领域中涉及的原材料合成、提取纯化、功能研究、配方研制、应用开发、生产工艺、生产设备等方面展开。

毕业论文选题应具有理论研究或实际应用价值，工作应在化妆品及日用化工原料合成或提取、原料成分功能及性能研究、产品制备方法或配方设计等方面有所创新。

毕业设计选题应具有实践性、实用性，在工艺流程设计、生产设备结构设计方面体现创造性；在物料衡算、热量衡算、设备选型、车间布置、环境保护、安全生产与劳动保护、经济技术指标分析等方面体现实践性与实用性。

2）论文选题名录（不限于）

（1）化妆品及日用化工原料的合成研究

① 丁酮乙二醇缩酮的合成研究。

② 化妆品功能性成分的分子结构设计及合成研究。

③ Gemini 表面活性剂的分子结构设计、合成及应用研究。

④ 新型防晒成分的合成、性能评价和应用研究。

⑤ 祛斑美白成分的合成、性能评价和应用研究。

（2）天然成分的提取、转化及功能性研究

① 天然高分子基食品及化妆品用乳化剂的合成与性能研究。

② 天然磷脂的提取、改性及应用性能研究。

③ 天然油脂制备氨基酸表面活性剂及其性能研究。

④ 表面活性剂协同提取指甲花色素的研究。

⑤ 玉米油基两性表面活性剂的制备与性能研究。

（3）化妆品及日用化工产品配方设计及性能研究

① 保湿乳液的配方设计、产品制备及性能研究。

② 早安面膜的配方设计、产品制备及性能研究。

③ 新型护发产品的配方设计、产品制备及性能研究。

④ 功能型保湿组分的合成及性能研究。

⑤ 新型漱口水功能性成分研究、配方设计、产品配制及性能研究。

3）设计选题名录（不限于）

（1）化妆品及日用化工产品生产车间及配套设施设计

① 年产×××吨××××洁面摩丝生产车间及配套设施设计。

② 年产×××吨××××乳液生产车间设计。

③ 年产×××件××××防晒霜生产车间及配套设施设计。

④ 年产×××吨××××护发素生产车间及配套设施设计。

⑤ 年产×××吨××××化妆水生产车间及配套设施设计。

（2）化妆品及日用化工原料生产车间设计

① 年产×××吨二甲苯麝香生产车间设计。

② 年产×××吨香兰素生产车间设计。

③ 年产×××吨天然油脂基氨基酸表面活性剂生产车间设计。

④ 年产×××吨 N-月桂酰胺烷醇硫酸钠生产车间设计。

⑤ 年产×××吨 4-甲基-5-噻唑乙醇生产车间设计。

7. 生物质能源与材料专业

1）选题简介

生物质能源及材料专业毕业论文（设计）选题可以涉及工程设计、理论研究、实验研究等方面，内容可以涉及生物质能源、生物质材料、生物质精炼、生物质化学品、生物质组分清洁分离、植物纤维新材料研发等生物质能源及材料专业的相关方向，确保通过毕业论文（设计）环节的专项工作，巩固学生所学的生物质能源及材料理论知识及基本技能。

选题应具有一定的创新性或应用价值。学生在掌握基本专业知识的基础上，通过查阅文献，确定实验或设计方案，考虑多种因素的影响，提出自己的独特见解，实现毕业论文（设计）的创新性或较高的实用性，为从事生物质能源及材料领域的规划设计、施工管理、教育和研究开发等工作奠定基础。

2）论文选题名录（不限于）

（1）生物质基材料的结构设计、合成及性能研究

① 纤维素水凝胶（气凝胶）的合成及性能研究。

② 木质素基重金属吸附剂的合成及性能研究。

③ 超吸水/超疏水/两亲性材料的结构设计、产品制备及性能研究。

④ 木质素基活性炭的制备、产品制备及性能研究。

（2）生物质化学品的分子结构设计及合成制备

① 木质素单体的分子结构设计及合成制备。

② 木质素模型物的分子结构设计及合成制备。

③ 呋喃类化学品的分子结构设计及合成制备。

④ 葡萄糖酸的分子结构设计及合成制备。

⑤ 木糖酸的分子结构设计及合成制备。

（3）生物质的组分分离及结构鉴定

① 纤维素的提取分离及结构鉴定。

② 半纤维素的提取分离及结构鉴定。

③ 木质素的提取分离及结构鉴定。

④ LCC 的提取分离及结构鉴定。

（4）新型催化剂的构建、制备及性能评价

① 生物质基酸性/固定化酶酯化催化剂的制备及性能评价。

② 生物质转化催化剂的构造及性能评价。

③ 木质素催化转化制备酚类化合物的研究。

④ 纤维素催化转化制备醇类化合物的研究。

⑤ 半纤维素催化转化制备呋喃类化合物的研究。

3）设计选题名录（不限于）

（1）生物质能源的制备工艺及工程设计

① 燃料乙醇的制备工艺及工程设计。

② 生物柴油的制备工艺及工程设计。

③ 航空燃油的制备工艺及工程设计。

④ 乙二醇的制备工艺及工程设计。

⑤ 生物质合成液体燃料的制备工艺及工程设计。

（2）生物质能源生产车间设计

① 年产×××吨××××燃料乙醇生产车间设计。

② 年产×××吨××××生物柴油生产车间设计。

③ 年产×××吨××××航空燃油生产车间设计。

（3）生物质化学品生产工艺（工程）设计

① 年产×××吨糠醛/呋喃生产工艺设计。

② 年产×××吨苯酚生产工艺（工程）设计。

③ 年产×××吨木质素磺酸盐生产工艺（工程）设计。

④ 年产×××吨微晶纤维素生产工艺（工程）设计。

⑤ 年产×××吨单糖/甲壳素/油脂生产工艺（工程）设计。

（4）生物质基功能高分子生产车间设计

① 年产×××吨淀粉基絮凝剂生产车间设计。

② 年产×××吨木质素基吸附剂生产车间设计。

③ 年产×××吨聚乳酸生产车间设计。

④ 年产×××吨大豆蛋白塑料生产车间设计。

⑤ 年产×××吨聚芳醚砜吸附材料生产车间设计。

⑥ 年产×××吨聚氨酯黏合剂生产车间设计。

（5）木质纤维原料资源深加工（或转化）生产车间设计

① 年产×××吨木质素基活性炭生产车间设计。

② 年产×××吨木质素基表面活性剂生产车间设计。

③ 年产×××吨木质素基分散剂生产车间设计。

④ 年产×××吨××××生物质基固体酸生产车间设计。

⑤ 年产×××吨生物质基电池材料生产车间设计。

1.2.2 生物类专业选题方向

1. 生物工程专业

1）选题简介

生物工程专业毕业论文（设计）选题应符合专业培养目标和方向的要求，体现学科的特点和优势，围绕发掘微生物新资源、发酵机理探索、发酵产品研发、发酵工艺控制、生物产品分析等相关领域的实际问题展开。选题应与生产、教学和科研实际相结合，应有助于培养学生的独立工作能力和创新能力。

2）论文选题名录（不限于）

（1）发酵工艺条件研究

① 产虫草素酵母工程菌的发酵优化。

② 草甘膦降解菌的筛选及降解条件优化。

③ 酶法制备黄原胶寡糖条件的优化。

④ 变色栓菌发酵产漆酶的工艺研究。

⑤ 基因工程菌生产 β-丙氨酸的工艺优化。

（2）微生物分子生物学

① 链霉菌磷脂酶 D 的克隆与原核表达载体构建。

② 蔗糖异构酶在解脂耶氏酵母中的表达研究。

③ GntR 家族调控蛋白 CdnR1 的异源表达及纯化。

④ 蔗糖异构酶在枯草芽孢杆菌中的表达研究。

（3）生物活性物质的提取和分析

① 铁离子催化人参皂苷的系列产物制备。

② 三七茎叶总皂苷中木糖基人参皂苷的分离纯化及分析鉴定。

③ 刺槐花提取物的抗氧化活性研究。

④ 利用蛋白质组学技术分析啤酒酿造过程中麸质蛋白的变化。

⑤ 海参脂肪酸的提取及检测。

3）设计选题名录(不限于)

(1) 啤酒工厂设计

① 批次产 2 000 L 12°P 工坊啤酒生产线初步设计——糊化锅的设计。

② 年产 3×10⁸ L 淡色啤酒工厂工艺初步设计——过滤槽的设计。

③ 批次产 5 000 L 10°P 工坊啤酒生产线的初步设计——糖化锅的设计。

④ 批次产 2 000 L 小麦啤酒生产工艺设计——发酵罐的设计。

⑤ 批次产 5 000 L 12°P 工坊啤酒生产线的初步设计——发酵罐的设计。

(2) 发酵产品工厂设计

① 年产 50 t 发酵饮料工厂及其发酵罐设计。

② 年产 50 t 酒糟酵素工厂及其过滤槽设计。

③ 年产 2 000 t 谷氨酸发酵生产厂的初步设计。

④ 年产 1 万 t 青霉素发酵工厂的设计——发酵罐的设计。

⑤ 年产 100 t D-丙氨酸的生产工艺初步设计——浓缩罐的设计。

(3) 生物制剂工厂设计

① 年产 300 t 饮久舒工厂的设计——提取罐的设计。

② 年产 4 t 鲜西洋参不定根的细胞工厂设计。

③ 批次产 2 t 微生物菌剂生产工艺设计——发酵罐的设计。

④ 年产 30 万 t 浅色麦芽厂工艺初步设计——浸麦槽的设计。

⑤ 批次产 1 t 特种麦芽生产工艺设计——焙焦炉的设计。

2. 生物技术专业

1）选题简介

生物技术专业毕业论文选题应符合专业培养目标和方向的要求,体现学科的特点和优势,围绕海洋生物基因工程和酶制剂、微生物活性物质的研究和开发、植物细胞生物学和细胞工程、植物分子生物学和基因工程、农业生态工程、蛋白质工程和生物制药、发酵工程和产品分离技术、生物信息学和计算机辅助药物设计等相关领域的实际问题展开。选题应与生产、教学和科研实际相结合,应有助于培养学生的独立工作能力和创新能力。

2）论文选题名录(不限于)

(1) 基因工程与微生物育种研究

① 来源于生孢噬纤维菌的内切葡聚糖酶基因在酵母中的表达。

② Paenibacillus sp. Lfos16 产菊糖降解酶的克隆表达。

③ LysR 家族调控蛋白 CdnR2 的异源表达及纯化。

④ 仿刺参 AIF-1 蛋白纯化及多克隆抗体制备。

⑤ MiR172 调控长春花中长春碱的生物合成。

(2) 生物技术制药研究

① 噬菌体展示技术筛选白蛋白黏附肽。

② 微生物降解土霉素菌渣的研究。

③ 仿刺参血细胞种类及免疫相关酶的活性分析。

④ 碳氢霉烯酶对抗生素耐药性的生物信息学研究。

⑤ 噬菌体展示肽库中筛选转铁蛋白黏附肽。

（3）工业微生物育种

① 侧孢短芽孢杆菌高产抗菌肽的诱变筛选。

② 植物乳酸杆菌高产抗菌肽的诱变筛选。

③ 草酸降解菌的筛选。

④ 塔格糖生产菌的分类鉴定。

⑤ 耐土霉素菌株的筛选及其性质研究。

3. 葡萄与葡萄酒工程专业

1）选题简介

葡萄与葡萄酒工程专业毕业论文（设计）选题应符合专业培养目标和方向的要求，体现学科的特点和优势，围绕葡萄栽培技术、葡萄果实品质、葡萄酒酿造工艺、酿酒微生物研究、葡萄酒品质分析等工程相关领域的实际问题展开。选题应与生产、教学和科研实际相结合，应有助于培养学生的独立工作能力和创新能力。

2）论文选题名录（不限于）

（1）葡萄酒酿造

① 葡萄酒发酵阶段浸渍橡木与香柏木对葡萄酒感官特征的影响。

② 外源氮对酿酒葡萄生理及葡萄酒品质的影响。

③ 低醇葡萄酒的脱醇工艺及产品研发。

④ 酿造工艺对葡萄酒生物胺的影响。

⑤ 补加不同糖的葡萄酒发酵效果比较。

（2）葡萄的育苗及开发

① 壳聚糖/PVA-柠檬醛复合膜的制备及其对延长葡萄货架期的应用。

② 葡萄多酚-改性壳聚糖微球性能研究。

③ 葡萄籽蛋白的发酵提取研究。

④ 脱落酸对耐寒葡萄枝条中蔗糖酶的活性及相关途径的影响。

⑤ 无菌葡萄苗的培养和获得。

3）设计选题名录（不限于）

（1）葡萄酒厂的设计

① 年产 2 000 t 干红葡萄酒工厂工艺设计——发酵罐的设计。

② 年产 1 000 t 白葡萄酒工厂工艺设计——除梗破碎机的设计。

③ 年产 2 000 t 冰葡萄酒工厂工艺设计——板框过滤机的设计。

④ 年产 100 t 干红葡萄酒酒庄设计——发酵罐的设计。

（2）果酒厂的设计

① 年产 2 000 t 猕猴桃酒工厂工艺设计——发酵罐的设计。

② 年产 1 000 t 樱桃酒工厂工艺设计——冷冻罐的设计。

③ 年产 1 500 t 桑葚酒工厂工艺设计——发酵罐的设计。

④ 年产 1 000 t 荔枝酒酒庄设计——发酵罐的设计。

⑤ 年产 500 t 苹果酒工厂工艺设计——发酵罐的设计。

（3）葡萄园的设计和管理

① 营城子街道一 50 亩(1 亩≈666.67 平方米)旅游观光葡萄园的总体设计草案。

② 大连金石葡萄酒庄的重新规划草案——葡萄园的规划和设计。

③ 大连市西郊一 20 亩鲜食葡萄园的改造规划。

④ 葡萄特殊栽培技术的设计和实施方案——设施栽培技术。

⑤ 葡萄生长期管理的规划和设计——整形和修剪技术。

1.2.3 食品类专业选题方向

1. 食品科学与工程专业

1）选题简介

食品科学与工程专业本科毕业论文(设计)选题内容应符合学校及学院的办学定位和专业培养目标的要求,针对食品产业相关链条涉及的科学和工程问题进行研究,主要包括食品营养、食品功能、食品安全、产品开发、工艺设计、工程设计等方面,具体内容应与导师的科研方向、实践教学及生产实际相结合,且现有条件不仅能满足学生论文的需要,还能锻炼学生综合运用工程知识和专业知识识别复杂食品工程问题的关键环节和参数,为食品配方设计、食品工艺设计、设备选型、车间布局、工厂设计等复杂食品工程问题提供合理的设计、开发解决方案。

任务书由指导教师下发给学生,内容应包括任务的名称及相关要求,如研究内容、论文的字数、图纸的格式及内容、参考文献、时间进度等。

2）论文选题名录(不限于)

（1）大黄鱼卵分离蛋白-结冷胶复合凝聚的形成及特性研究。

（2）基于高分辨率质谱的不同种食用香辛料鉴别研究。

（3）草鱼鱼糜制品品质改良及其 3D 打印应用研究。

（4）口服没食子酸烷基酯在小鼠胃肠道中的分布特性研究。

3）设计选题名录(不限于)

（1）年产×××吨果汁饮品厂设计。

（2）日产×××吨乳制品厂设计。

（3）年产×××吨葡萄果汁和红茶饮料工厂设计。

（4）年产×××吨玉米香肠和×××吨午餐肉罐头工厂设计。

2. 食品质量与安全专业

1）选题简介

食品质量与安全专业毕业论文(设计)选题应符合学校及学院的办学定位和专业培养目标的要求,内容可针对食品生产技术管理、食品营养与健康的关系、食品质量检测和食品安全检测等涉及的科学问题进行研究,主要包括食品生产、食品营养、食品安全、食品管理、食品质量控制、工艺设计、工程设计等方面，具体内容应与指导教师的科研方向、实践教学及生产实际相结合，锻炼学生综合运用工程知识和专业知识解决复杂食品质量与安全工程问题的能力，为食品质量控制、食品安全管理、食品检测、设备选型、车间布局、工厂设计等提供合理的设计、开发解决方案。

2）论文选题名录（不限于）

（1）香芹酚和丁香酚对单增李斯特菌的协同抑菌作用研究。

（2）植物乳杆菌 DPUL-F20 发酵降低乳蛋白的致敏性研究及产品开发。

（3）苍耳提取物的制备及其抗菌研究。

3）设计选题名录（不限于）

（1）扒鸡加工过程 HACCP 体系的建立。

（2）基于 HACCP 的年产×××吨鱼香肠工厂设计。

（3）年产×××吨的虾青素软胶囊工厂设计。

3．海洋资源开发技术专业

1）选题简介

海洋资源开发技术专业毕业论文（设计）选题应符合学校及学院的办学定位和专业培养目标的要求，内容可针对海洋资源开发技术领域涉及的科学技术与工程问题进行研究，主要包括但不限于海洋食品研究、技术研发、工程设计等方面。选题应面向海洋资源开发技术领域的生产实际、科学研究和社会发展的需求，具有科学性、创新性和价值性，应有利于提高教育和科研质量及解决生产中的实际问题，并有助于提升学生解决实际工程问题的能力。

2）论文选题名录（不限于）

（1）鱼豆花产品工艺优化及其理化性质研究。

（2）鱼肉鲜度指示智能包装膜的制备及表征。

（3）基于纳米技术提升海参活性肽稳定性的研究。

（4）低分子量岩藻聚糖的制备与体外抗炎活性研究。

3）设计选题名录（不限于）

（1）年产×××吨鱿鱼丝和鱿鱼罐头工厂设计。

（2）年产×××吨鲅鱼罐头和鲅鱼水饺工厂设计。

（3）年产×××吨海带脆片和×××吨即食海带的加工厂设计。

（4）年产×××吨水产蛋白基全营养特殊医学用途配方食品及营养补充剂加工厂设计。

4．食品营养与健康专业

1）选题简介

食品营养与健康专业毕业论文（设计）的选题应符合学校及学院的办学定位和专业培养目标的要求，内容可针对食品营养与健康领域涉及的科学技术与工程问题进行研究，主要包括但不限于食品营养与健康研究、技术研发、工程设计等方面。选题应面向食品营养与健康领域的生产实际、科学研究和社会发展的需求，具有科学性、创新性和价值性，应有利于提高教育和科研质量，以及解决生产中的实际问题，并有助于提升学生解决实际工程问题的能力。

2）论文选题名录（不限于）

（1）低分子量硫酸软骨素-铁复合物的制备及其补铁作用研究。

（2）壳聚糖对乳清蛋白消化吸收的影响研究。

（3）海带多糖对肥胖小鼠的脂质代谢调控作用研究。

3）设计选题名录（不限于）

（1）年产×××吨海藻膳食纤维工厂设计。

（2）年处理×××吨海参加工厂设计。

（3）年产×××吨全营养特殊医学用途配方食品工厂设计。

1.2.4　机械类与工业工程类专业选题方向

1. 机械工程专业

1）选题简介

机械工程专业毕业论文（设计）选题应符合学校及学院的办学定位和专业培养目标的要求，内容可针对机械工程专业涉及的科学问题进行研究，主要包括自动机械、食品机械、数控机床、通用机械、农业工程、轴承、汽车制造、机械制造工艺、光整加工等方面。具体内容应与指导教师的科研方向、实践教学及生产实际相结合，且现有条件既能满足学生论文的需要，又能锻炼学生综合运用工程知识和专业知识识别复杂机械工程问题，为机械设计、机械制造工艺、设备选型、车间布局等复杂机械工程问题提供合理的设计、开发解决方案。具体的毕业论文（设计）选题由各指导教师自主命题，选题以设计性课题为主，课题性质为与科研相结合的研究性课题和与生产实际相结合的生产实际课题。

课题任务书由指导教师下发给学生，内容应包括任务的名称及相关要求，如研究内容、论文的字数、图纸的格式及内容、参考文献、时间进度等。

2）论文选题名录（不限于）

（1）数控系统开发。

（2）成形磨削工艺。

（3）数控磨削及其编程。

（4）CAE 及其仿真。

（5）轴承制造工艺与测试。

3）设计选题名录（不限于）

（1）自动机械

① 自动生产线设计。

② 自动上料、包装、自动分类。

③ 智能机器人。

④ 芯片后段制造装备设计。

⑤ 各类轻工机械。

（2）食品机械

① 鱼类加工。

② 罐头加工。

③ 食品切片加工。

④ 厨房废物处理。

⑤ 饺子机、面条机。

（3）数控机床

① 机床设计。

② 机床附件设计。

③ 床头箱设计。

④ 刀具设计。

⑤ 机床气动液压系统设计。

（4）通用机械

① 空气压缩机设计。

② 各类泵阀设计。

③ 液压机床设计。

④ 注塑成型机设计。

⑤ 离心式压缩机设计。

（5）农业工程

① 农业信息化技术。

② 农产品采摘。

③ 果品套袋技术。

④ 新能源利用与设备。

⑤ 农业机械化。

（6）轴承

① 轴承设计。

② 轴承制造工艺。

③ 轴承测试技术。

④ 轴承制造与测量装备。

⑤ 特种轴承设计与制造。

（7）汽车制造

① 汽车零部件制造生产线设计。

② 汽车装配生产线设计。

③ 汽车零部件清洗与测试生产线设计。

④ 汽车发动机设计。

⑤ 汽车变速箱设计。

⑥ 汽车零部件加工夹具设计。

⑦ 汽车焊装夹具设计。

⑧ 汽车零部件制造工艺。

（8）机械制造工艺

① 工艺设计。

② 加工装备选型。

③ 刀具选型与设计。

④ 工序设计。

⑤ 夹具设计。

（9）光整加工

① 磨粒流加工工艺与夹具设计。

② 成形磨削工艺。

③ 数控磨削及其编程。

④ 电化学光整加工工艺与设备。

⑤ 研磨加工工艺与装备。

2. 机械电子工程专业

1）选题简介

机械电子工程专业毕业设计选题应围绕具体机电系统的机械、电子线路、控制、检测等方面的实际问题开展，兼顾理论性和工程应用价值，突出实用性和可操作性。选题应能较好地体现学生所掌握的机械电子工程专业的基础理论、专业知识和基本技能。选题内容需要具有实际意义，能够针对现实问题进行相关分析和提出解决方案，能体现学生从事科学研究工作或担负专业技术工作的基本能力。

2）设计选题名录（不限于）

（1）机械设计

① 粉体 3D 打印机送铺粉装置结构设计。

② 集成式混凝土 3D 打印机供料系统设计。

③ 混凝土 3D 打印机搅拌-挤出一体化装置的结构设计。

④ 家具 3D 打印机结构设计。

⑤ 落叶收集—分离—压缩一体化处理装置设计。

（2）自动控制技术及应用

① 模块化自动生产线程序设计。

② 卧式镗床的 PLC 控制程序设计。

③ 自动划线机控制系统设计。

④ 小型电容插装机器人的控制系统设计。

⑤ 自动门智能控制系统设计。

（3）电子电路设计

① 基于 ZigBee 的半导体蚀刻机台温湿度监控系统。

② 数字压力表电子系统设计。

③ 电路板充胶机控制系统设计。

④ 组合称重料斗及控制系统设计。

⑤ 电机相电流检测仪表设计。

（4）机器视觉

① 应用神经网络的机械零件识别程序设计。

② 机械零件测量程序设计。

③ 机械零件表面缺陷程序设计。

④ 机械零件标识检测程序设计。

⑤ 基于机器视觉的锻件测量控制系统的开发与设计。

（5）机电系统设计

① 压装机械手的结构及机器人程序设计。

② 上下肢康复训练机设计。

③ 光机电一体化实验台设计。

④ 漆膜测厚机器人的机械结构及行走控制设计。

⑤ 小型 PCB 板焊接机械人设计。

3．材料成型及控制工程专业

1）选题简介

材料成型及控制专业毕业论文（设计）选题应围绕材料加工成型工艺的制定、模具的设计和制造及成型工艺的优化等方面的实际问题开展，兼顾理论性和工程应用价值，突出实用性和可操作性。选题应能体现学生熟练地综合运用所学理论和专业知识，且立论正确，计算、分析、实验正确、严密，结论合理。

2）论文选题名录（不限于）

（1）不锈钢表面电火花沉积 NiCr 合金涂层研究。

（2）元素锰与温度对钢的高温性能的影响。

（3）碳含量对钢的高温强度的影响。

（4）钛合金表面微弧氧化复合涂层的制备与绝缘性能研究。

（5）圆弧状模具零件的放电加工稳定性研究。

3）设计选题名录（不限于）

（1）支架 A 级进模设计。

（2）旋转双色模的模具设计。

（3）汽车支撑架冲压模具设计。

（4）右曲轴箱体压铸模具设计。

（5）左体压铸模具制作的工艺和数控加工编程。

4．智能制造工程专业

1）选题简介

智能制造工程专业毕业论文选题应围绕具体的智能产品设计制造，智能装备故障诊断、维护维修，智能工厂（产线）设计运行、管理及系统集成等方面的实际问题开展，兼顾理论性和工程应用价值，突出实用性和可操作性，且符合智能制造工程专业人才培养目标和教学的基本要求。要求学生能够针对现实问题进行相关分析和提出解决方案,树立正确的工程设计和科学研究意识,提高学生的综合素养,使学生在毕业后能够很快胜任智能制造领域的技术应用与开发工作。

2）论文选题名录（不限于）

（1）基于数字孪生的皮带机系统设计。

（2）基于数字孪生的×××型数控加工机床加工过程仿真。

（3）基于 Plant Simulation 的数控加工车间作业仿真与优化。

（4）基于 Unity 3D 的机器人物料搬运仿真系统开发。

（5）基于 CPS 的制造单元管控系统设计。

5．工业工程专业

1）选题简介

工业工程专业毕业论文选题应围绕工业工程范畴的各类相关技术在生产和服务领域的应用研究和案例开展,体现工业工程技术在生产和服务系统改善、优化及设计过程中的作用和价值,突出实用性。选题应能较好地体现学生所掌握的工业工程专业的基础理论、专业知识和主要方法。选题内容应具有实际意义,能够针对现实问题进行相关分析和提出解决方案,体现学生从事工业工程相关工作或科学研究的基本能力。

2）论文选题名录（不限于）

（1）工作研究及应用

① 某工业电器公司车间生产现场管理改善。

② 新华三板壳硬件组装车间 IE 改善研究。

③ 某轮胎制造公司生产车间现场管理及改善研究。

④ 柔性作业车间调度问题的优化设计与应用研究。

⑤ 兴城某泳装公司六西格玛管理与设计。

（2）系统仿真及人因工程

① 人因工程学在宾馆客房设计中的应用研究。

② 电子阅览室的人因工程学设计研究。

③ 基于 Flexsim 的铁路售票处排队系统仿真研究。

④ 自动铅笔装配流程的仿真优化研究。

⑤ 人因工程学在超市布局规划和货架设计中的应用研究。

（3）生产运作管理

① 基于精益六西格玛的库存管理优化研究。

② 专机生产制造过程优化。

③ 基于精益生产理论的 A 公司 D 产品生产流程优化分析。

④ 丰田发动机盖罩生产线规划。

⑤ 某公司生产设备 OEE 改善研究。

（4）智能制造系统

① 装配线 MES 系统设计。

② 船用物资库存管理系统的设计与实现。

③ 生产车间库房管理系统设计。

④ A 公司 WMS 仓库管理系统设计与优化。

⑤ 智能制造模式下柔性作业车间调度方法研究。

1.2.5　纺材类专业选题方向

1. 纺织工程专业

1）选题简介

纺织工程专业毕业论文（设计）选题应符合专业培养目标和方向的要求，体现学科的特点和优势，围绕织物及工艺设计、现代纺织理论及技术研究、天然纤维开发与资源综合利用研究、纺织结构与功能复合材料研究、纤维材料循环利用研究、纺织生物酶改性技术研究、超临界流体染色技术研究等领域的实际问题展开。选题应与生产、教学和科研实际相结合，应有助于培养学生的独立工作能力和创新能力。

2）论文选题名录（不限于）

（1）超临界 CO_2 生态染色技术的研究

① N,N-二乙基均三嗪活性分散染料羊毛超临界 CO_2 无水染色工艺研究。

② 芸香苷的酯化改性及超临界 CO_2 棉纤维染色研究。

（2）纺织材料的生态循环使用及再加工技术研究

① 利用废弃口罩制备可加热纺织品及其性能研究。

② 基于废弃汉麻秆吸声复合材料的制备及性能研究。

（3）聚苯硫醚高性能纤维的制备及性能研究

① 表面异型化聚苯硫醚纤维纸的制备及油水分离性能研究。

② 太阳能/焦耳能辅助型聚苯硫醚油水分离纸的制备及性能研究。

3）设计选题名录（不限于）

（1）服用、家居用及装饰用纺织品的设计

① 怀旧风格面料设计。

② 基于流行色的女装面料设计。

③ 具有光致变色性能的夏季服装用面料设计。

（2）智能纺织品设计

基于氨纶织物的可穿戴传感器产品设计。

（3）纺织品生态染色及功能性整理工艺设计

① 一种真丝羊毛混纺围巾面料的染整及织造设计。

② 紫外光接枝制备双面双色织物的染整工艺设计。

2. 无机非金属材料工程专业

1）选题简介

无机非金属材料工程专业毕业论文（设计）选题应符合专业培养目标和方向的要求，

体现学科的特点和优势，围绕玻璃和陶瓷制品工厂及车间设计，玻璃组成调控及结构、性能的研究，高性能电子陶瓷和传感材料及其器件的构建，光电子材料，新能源材料，生物及环境多孔材料，纤维复合材料，金属表面氧化物涂层材料，固体废弃物利用等方面的实际问题展开。选题应与生产、教学和科研实际相结合，应有助于培养学生的独立工作能力和创新能力。

2）论文选题名录（不限于）

（1）玻璃组成调控及结构、性能的研究

① 组成对 R_2O-CaO-Al_2O_3-B_2O_3-SiO_2-P_2O_5 玻璃的乳浊和性能的影响。

② 组成对稀土掺杂 ZnO-Sb_2O_3-P_2O_5 玻璃的析晶和发光性能的影响。

③ CMAS 腐蚀用玻璃的制备及析晶性能研究。

（2）高性能电子陶瓷和传感材料及其器件构建

① $Ba_{0.6}Sr_{0.4}TiO_3$ 纤维与颗粒共混制备微波介质陶瓷。

② $Ba_{(1-x)}Sr_xTiO_3$ 纤维阵列制备及铁电、介电性能研究。

③ Fe_2O_3 基纳米纤维的可控合成及气体传感性能研究。

（3）光电子材料

① Eu^{3+} 掺杂微纳 $BiVO_4$ 多晶的光致发光特性研究。

② 铕离子掺杂氟磷酸盐玻璃的光致发光性质研究。

③ 单双配体对稀土配合物性能的影响研究。

（4）生物及环境多孔材料

① VO_2/Cs_xWO_3 粒子及其复合隔热薄膜的制备与性能研究。

② 柔性气凝胶材料的耐热性研究。

③ 生物医用磷酸钙纳米粒子的制备及其相关性能研究。

④ 砂基与草炭基梯度生态材料的制备工艺与性能研究。

3）设计选题名录（不限于）

（1）陶瓷制品工厂及车间设计

① 年产 56 头餐具 20 万套，8 cm 茶杯 40 万件日用陶瓷厂设计——重点烧成车间。

② 年产 1 200 万件陶瓷餐具的日用陶瓷厂设计——重点原料车间。

③ 年产 30 亿只 0505 规格 NPO 电容器的电子陶瓷工厂设计。

④ 年产 800×800 规格微晶石抛釉砖 160 万平方米建筑陶瓷厂的设计——重点辊道窑烧成车间。

（2）玻璃制品工厂及车间设计

① 年产 500 mL 啤酒瓶 5 130 万个和 350 mL 啤酒瓶 6 820 万个玻璃工厂设计——重点原料车间。

② 年产翠绿料 500 mL 啤酒瓶 12 240 万个的玻璃工厂设计——重点熔制成型车间。

③ 年产棕色料 500 mL 生抽瓶 7 280 万个、600 mL 老抽瓶 6 240 万个的玻璃工厂设计——重点熔制成型车间。

3. 高分子材料与工程专业

1）选题简介

高分子材料与工程专业毕业论文（设计）选题应符合专业培养目标和方向的要求，体现学科的特点和优势，围绕塑料、化纤和非织造制品车间设计，通用聚烯烃的功能化及改性研究，新型高分子及其复合材料的设计与开发，高分子材料的数值模拟及有限元分析，生物酶催化技术的研究与应用，功能性纤维、生物质纤维、可再生纤维、杂化纤维及其复合材料的设计与应用，3D 打印高分子材料的开发，高分子功能膜材料的结构与性能研究等方面的实际问题展开。选题应与生产、教学和科研实际相结合，应有助于培养学生的独立工作能力和创新能力。

2）论文选题名录（不限于）

（1）新型高分子及其复合材料的设计与开发

① PB-1/BN 导热复合材料的制备及其性能研究。

② PEK-CN/石墨烯导热复合材料的制备及其性能研究。

（2）智能与功能高分子材料的设计开发

① 含反应性侧基聚硅氧烷接枝聚乙烯的合成研究。

② 一种具有光响应性壳聚糖基复合纤维的制备与测试。

（3）环保型黏合剂的开发与应用

① 水性丙烯酸酯黏合剂的合成及性能研究。

② 列克纳胶的增韧改性研究。

（4）3D 打印高分子材料的开发

① 红麻纤维增强环保型 3D 打印复合材料的研究。

② 水溶性 3D 打印复合材料的研究。

（5）高分子功能膜材料的结构与性能研究

① PVDF/CA-g-PDMAEMA 超滤膜的制备与表征。

② PAN/PVDF 离子螯合膜的制备与表征。

（6）功能性纤维的设计开发

① 纳米银增强壳聚糖/南极磷虾蛋白混纺纤维的抗菌性能。

② 一种具有发热功能的壳聚糖纤维的研究。

（7）高分子相变材料的设计开发

① 互穿网络相变微球应用研究。

② 接枝聚合制备聚乙二醇基固-固相变材料研究。

（8）生物质材料的开发利用

① 葡甘糖的离子改性。

② 基于纤维素及其衍生物的生物医用材料研究。

3）设计选题名录（不限于）

（1）塑料制品生产线或生产车间设计

① 年产×××吨 PVC 通信用电工套管生产车间设计。

② 年产×××吨聚乙烯/聚苯乙烯复合管材生产车间设计。

③ 年产×××吨黑色聚甲醛棒材生产车间设计。

（2）化纤制品生产线或生产车间设计

① 年产×××万吨××头直纺涤纶 FDY 长丝生产车间设计。

② ×××部位 PET 聚酯切片/瓶片复合短纤维生产线。

③ 年产×××吨高黏度聚酯切片固相聚合车间设计。

（3）非织造制品生产线或生产车间设计

① ×××幅宽涤纶长丝纺粘热轧非织造布生产线。

② ×××幅宽平网帘涤纶纺粘针刺胎基布生产线。

③ ×××幅宽斜网帘加平网帘三排丝加筋涤纶粘纺针刺胎基布生产线。

1.2.6　信息类专业选题方向

1. 电子信息工程专业

1）选题简介

电子信息工程专业毕业设计选题应围绕具体的信息检测、获取、控制、传输、处理，以及电信号的强弱电应用等方面的实际问题开展，兼顾理论性和工程应用价值，突出实用性和可操作性。选题应能较好地体现学生所掌握电子信息工程专业的基础理论、专业知识和基本技能。选题内容需要具有实际意义，能够针对现实问题进行相关分析和提出解决方案，体现学生从事科学研究工作或担负专业技术工作的基本能力。

2）设计选题名录（不限于）

（1）测控技术及应用

① 基于单片机的汽车防追尾雷达报警系统设计。

② 基于 DSP 的音频信号处理设计。

③ 基于 FPGA 的车牌识别系统设计。

（2）信号及信息处理

① 基于 FFT 的正弦信号频率高精度估计算法分析。

② 基于概率模型的超宽带信号压缩检测算法设计。

③ 基于 Python 神经网络的图像识别分析系统设计。

（3）电能变换及应用

① 智能控制 USB 快速充电设计。

② 单相逆变稳压电源设计。

③ 基于 ARIMA 模型的短期电力负荷预测。

（4）信息系统集成开发设计

① 逐日光伏发电系统设计。

② 基于 LabVIEW 的数据综合采集系统。

③ 电力线通信系统资源分配算法研究。

2．通信工程专业

1）选题简介

通信工程专业毕业设计选题应围绕互联、物联与数字信息空间等具体行业应用背景，结合相关的工程实际问题，培养学生的工程意识、协作精神及综合应用所学知识解决实际问题的能力。选题应能较好地体现学生所掌握本专业的基础理论、专业知识和基本技能。选题内容应具有实际意义，能够针对现实问题进行相关分析并提出解决方案，体现学生从事科学研究工作或承担专业相关工作的基本能力。

2）设计选题名录（不限于）

（1）通信技术方向

① 高速光通信系统的色散特性分析。

② 基于多载波系统的信道估计性能分析与仿真。

③ 反射带阻滤波器的设计。

④ 北斗鸽环的研究与设计。

⑤ 相控阵天线波控系统仿真分析。

（2）物联网系统

① 基于嵌入式的声光唤醒灯。

② 无线传感器网络中的移动节点定位算法设计。

③ 基于 LoRaWAN 协议的智慧农业系统研究与系统节点设计。

④ 基于蓝牙信标的室内自动导览系统设计。

（3）人工智能

① 基于机器学习的图像旋转系统设计。

② 云计算任务调度与资源分配优化设计。

（4）信号与信息处理算法研究

① 基于时域加窗和 DTFT 谱线插值的频率估计。

② 基于机器学习的闽南语识别处理系统。

③ 无透镜全息图像重建算法研究与设计。

④ 基于图像的物品分类系统设计。

（5）网络通信

① 基于蓝牙的无线数据传输系统设计与开发。

② 基于 NS-2 的多接口 OLSR 路由协议性能分析。

③ 基于机器学习的网络攻击行为分类处理技术研究。

3．自动化专业

1）选题简介

自动化专业毕业设计选题应以控制理论为基础，围绕控制工程应用、计算机控制技术应用、智能控制、工业过程控制、运动控制、电子技术应用、电力系统及自动化、模式识别、人工智能等方面展开，兼顾理论性、前瞻性，突出实用性和可操作性。选题内容应具有一定的实际应用价值，针对工程控制问题及理论应用提出新观点或新见解，并能够体现一定的技术难度和工作量,以及学生综合应用控制理论、方法和技术手段解决控制领域中的工程问题的能力。

2）设计选题名录（不限于）

（1）控制理论及应用

① 永磁同步电机矢量控制建模与仿真。

② 三阶倒立摆系统设计与仿真。

③ 基于遗传聚类分析的电力变压器故障诊断。

（2）嵌入式系统应用

① 果园农药喷洒无人机定位导航系统设计。

② 基于 FOC 的四旋翼无人机电机驱动系统设计与实现。

③ 基于树莓派的人体生理参数远程实时监测系统设计。

（3）智慧家居及楼宇自控系统

① 基于人脸识别的校园快递自取控制系统设计。

② 智能垃圾分拣系统设计。

③ 送药小汽车控制系统设计。

（4）工业测控及系统集成

① 面向数字化企业中的设备智能监测系统设计。

② 线路负载及故障检测系统设计。

③ 基于视觉定位的全向移动机器人系统设计。

4．光源与照明专业

1）选题简介

光源与照明专业毕业设计选题方向主要分为两大类：照明设计类和光电产品与技术类。其中,照明设计类包括室内照明设计、建筑光环境设计、城市灯光设计规划、环境景观设计和灯具造型设计等;光电产品与技术类包括发光材料与光源器件、照明器设计、光电检测与智能控制等。

2）设计选题名录（不限于）

（1）照明设计类

① 乌审旗市政景观桥亮化工程设计。

② 扬州市城市南部快速通道建设项目照明亮化工程设计。

③ 大连甘井子区万达广场地下停车场照明设计。

④ 西安市明丰国际广场亮化工程设计。

⑤ 新中式家居健康照明设计。

（2）光电产品与技术类

① 卤磷灰石荧光粉的合成与光谱设计。

② 多传感检测技术中数字图像融合算法的设计。

③ 高功率防眩光 LED 地埋灯设计。

④ 面向老年人的智能照明控制系统设计。

⑤ 基于 DALI 协议的无线控制器设计。

5. 计算机科学与技术专业

1）选题简介

计算机科学与技术专业毕业设计选题应围绕计算机相关领域的实际问题展开，设计或研究内容应具有实际应用价值，针对行业或领域现实应用中突出的问题，能够综合运用所学专业理论知识、方法进行深入分析和研究，建立模型，并予以技术实现，解决复杂的计算机领域工程问题。选题重点以计算机相关行业、领域应用和管理中存在的问题为切入点，兼顾理论性、创新性，突出实用性。

2）设计选题名录（不限于）

（1）计算机软件设计与开发

① 基于 SSM 框架的药品采购系统。

② 基于微信小程序的学生贷款助手。

③ 基于 Bootstrap 和 SSM 框架的小说阅读 App——墨读。

④ 基于 Android 的移动课程表。

⑤ "最终萝卜幻想"塔防游戏的设计与实现。

⑥ OA 流程可视化的研究与实现。

⑦ 基于 Web 界面的数据库备份与恢复系统。

⑧ "Shooting Training"基于 Unity 的 FPS 射击训练游戏。

（2）计算机技术研究与应用

① 基于人脸检测的课堂出勤统计系统开发。

② 虚拟现实 VR 样板间的设计与实现。

③ 基于机器学习的地铁前方障碍物识别系统。

④ 数据可视化工具开发。

⑤ 基于大数据的校园餐饮流量分析系统。

⑥ 基于 Python 的网络媒体信息分析系统。

⑦ 昆虫肠道微生物数据平台构建。

⑧ 基于 Kubernetes 的微服务性能监视器设计与开发。

⑨ 基于机器学习的图像增强分辨率处理程序。

6. 网络工程专业

1）选题简介

网络工程专业毕业设计选题应该围绕网络规划与设计、具体应用的软件及数据库设计、应用系统设计和网络安全等多种技术实际应用展开。同时，选题内容应具有实际意义，能够体现学生应用计算机网络领域的基础理论和专业知识对计算机网络、网络规划的工程问题进行分析和评价，以及包含从事计算机网络相关工作所需的软件理论与开发知识，能将其用于网络系统软件及其应用系统的研发、设计和维护。

2）设计选题名录（不限于）

（1）网络规划与设计

① 赤天公司双核心网络系统设计与规划。

② 大连遇航科技有限公司网络规划与设计。

③ 武山一中校园网络规划与设计。

④ 大连足球青训中心网络规划设计。

（2）软件及数据库设计

① 基于 Django 和 Vue 的在线旅游购票网站。

② 基于 Android 的老年人手机支付应用程序设计与实现。

③ 基于 Python 和 Flask 的微信订餐小程序。

④ 基于 Python 爬虫与 Django 技术的招聘网站设计与实现。

（3）应用系统和网络安全

① 基于 ZigBee 协议的智能家居系统设计。

② 基于 UWB 技术的医院人员物资定位系统设计。

③ 基于交换机迁移的分布式 SDN 控制器负载均衡策略。

④ 防火墙技术在校园网安全中的设计。

1.3 毕业论文（设计）研究方法

毕业论文（设计）选题分为规定性命题和自选命题。规定性命题是由指导教师拟定题目，经系和学院审定批准后，由系向学生公布，让学生选择；自选命题则由学生自定选题。学生可以选择规定性命题开展毕业论文（设计）工作，也可以自选符合专业培养要求的创新型毕业论文（设计）题目。要想获得理想的选题，除了要遵循一定的原则，还必须注重选题的方法。毕业论文（设计）选题通常有以下几种方法。

1.3.1 学习心得法

在专业学习的过程中，学生对所学课程内容会有自己的心得、体会，或者是对课程内容有独到的理解，或者是对课程内容的发展、延伸有新的发现，或者是对课程内容做不同角度的审视，甚至包括对课程内容有不同的意见等。这些心得、体会和评论往往是研究课题的生长点。在此基础上形成的论文选题，一方面可以加深对所学知识的综合理解，提高撰写毕业论文（设计）的效率；另一方面能够做到有感而发，观点鲜明，使论文有思想、有内容。当然，心得、体会和评论的内容往往只是特定的观点、见解或建议等，学生要将它们转化为论题，还要全面了解相关领域的基本知识，了解和建立论题的背景知识体系；然后，在背景知识的学术范畴和知识架构内对观点、见解或建议进行审视，确定所要解决的问题，这就是论文的选题。

1.3.2 题库选题法

在科学研究的过程中，论文（设计）选题是研究项目的开端，往往也是以往研究成果的延续。根据专业课教师的研究成果、学术前瞻建立各个专业的毕业论文（设计）题库，学生从中选择题目作为毕业论文（设计）选题也是一种直接、可靠的方法。

毕业论文（设计）题库中的题目涉及的主题有大小之分。小主题题目要求学生就某一具体问题进行研究,题目本身对所要解决的问题的性质、目标和研究方法等都有限制,学生自行发挥的范围小;大主题题目所提供的是一个大的问题,为学生的研究方向和写作论文提供了一个较大的选择空间,便于学生发挥主观能动性,毕业论文（设计）选题原则上是一人一题。较大型的选题可由多个学生共同参加,但必须明确每个学生独立完成的工作内容和要求,并在选题上有所区分。在创建毕业论文（设计）题库时,指导教师除了应给出一定数量的小主题题目外,还应该给出较多的大主题题目以激发学生的兴趣,调动学生的积极性。学生从教师承担的科研项目中选题,参加部分设计任务,以培养自己的科研能力。

1.3.3　积累精选法

该方法是指学生在平时学习中就注重对所学专业相关学术问题的积累,最终精选出一个适合自己的问题作为毕业论文（设计）选题。积累的途径主要有两种:一是在课堂教学中,教师往往会把学科中有待深入研究的重点和疑难问题介绍给学生,学生应把自己认为重要和感兴趣的问题记下来;二是平时要阅读与专业有关的期刊或书籍,随时了解学术动态,阅览中遇到自己感兴趣的学术问题也要记下来。当开始毕业论文（设计）时,这些问题自然就构成了自己的选题范围。挑选论题时,既要考虑这一论题的学术价值和实用价值,又要特别考虑题目的规模大小、搜集资料和构思及写作的难易程度等因素,应尽量选择适合小题大做、学术和实用价值较高、在限定时间内有把握且可高质量完成的课题。

1.3.4　追踪研选法

所谓追踪研选法,就是学生在准备把尚未解决的科研问题选作毕业论文（设计）选题时,要在对此问题有一定理解的基础上,查阅他人对此问题研究争论的有关资料,弄清他人的主要观点和依据,思考自己对此问题是否确实有与众不同、超越他人的独到见解。如果经过追踪研究,发现自己也未形成超越他人的新见,那就只能放弃。因此,用追踪研选法选择毕业论文（设计）选题是有一定风险而且要花费很大力气的,它比较适合那些科研能力较强,常能独抒新见的学生。但是,追踪研选法的优点也是显而易见的:首先,其所涉及的问题一般都有较高的学术价值,只要能形成与众不同的结果,就容易写出具有较高水平的论文;其次,它将选题、选材、构思融为一体,一旦方向选定,论文的基本框架也就形成了;最后,追踪研选的过程正是学生从他人那里汲取营养、锻炼研究能力、超越他人和自我提升的过程,因而运用这种方法对提高学生的学术水平有很大的帮助。

1.3.5　实践调研法

现代教育观不仅看重毕业论文（设计）的学术价值,更看重其实用价值,即指导当前实践的价值,因此,从实践中发现亟待研究和解决的问题作为毕业论文（设计）选题,也应该成为当代大学生毕业论文（设计）选题的基本方法之一。特别是长期处于特定实践领域的大学生,用这种方法选定毕业论文（设计）题目就更加方便。但是,从实践中寻找恰当的毕业论文（设计）题目,即使对于身处其中的大学生来说,也并非轻而易举的事,只有善于观察思考的学生才能从司空见惯的现象中发现有普遍意义的、在当前实践中迫切需要解决的问题。然而，发现问题仅仅是第一步，还必须综合运用所学知识对问题从各个方面做出深入调查研究，才能找到解决问题的有效方法。只有将问题的现象、原因和解决办法都弄清了，才能最终确定能否以此作为毕业论文（设计）选题。

1.3.6　浏览捕捉法

所谓浏览捕捉法，就是学生先根据自己对所学专业知识或实践领域的熟悉和兴趣程度划定一个或若干毕业论文（设计）选题的范围，然后寻找相关的报纸、杂志和书籍，浏览属于自己选题范围的内容，边读边思考，从中捕捉适合自己的毕业论文（设计）选题。采用这种方法选题难免要花费很多工夫，但是由于在浏览的过程中，学生的思维始终处于目的性很强的活跃状态，外部信息很容易激发并调动起学生平时积累的潜在知识，从而使灵感顿生，形成很好的毕业论文（设计）选题。

1.3.7　筛选变造法

一些学生即使到了该写毕业论文（设计）时也没有能力主动选定自己的论文（设计）题目，他们只能被动地依赖指导教师提供的毕业论文（设计）选题范围，从中选择一个自认为比较适合的题目，一般都是跟着感觉走、追着热点跑。由于此前他们对有关题目的内涵外延、写作难度和所需具备的条件所知很有限，也就是说选择题目有很大的盲目性。因而其在接下来的选材、构思、起草、修改等环节中往往会遇到很多难以克服的困难，写到中途便写不下去了，不得不重新改题，即使勉强完成了，也很难获得好成绩。为了避免此类情况的发生，即使是从指导教师提供的毕业论文（设计）选题范围中被动选题，也不应该草率从事，而是应该用筛选变造法，尽可能变被动为主动，选出适合自己的论文题目。

使用筛选变造法时，首先要从学校提供的毕业论文（设计）选题范围中初选出两三个作为自己论文的备用题目。为了减少初选的盲目性，学生一定要牢记毕业论文（设计）选题的三个原则：一是选择适合小题大做的论题；二是选择熟悉和感兴趣的论题；三是选择有一定学术和实用价值的论题。其中，第二个原则应该成为学生筛选题目的首要标准。所谓熟悉和感兴趣的题目是指学生以前就对其所涉及的理论和实践知识有所积累并愿意深入钻研的论题，选这样的题目是学生较顺利地完成毕业设计（论文）和获得较好成绩的基本保障。初选之后，学生可以与同学和指导教师交流，征求他们对自己备用题目的规模、难度、价值等方面的意见，再根据自身的实际情况选定其中的一个作为毕业论文（设计）选题。在这一过程中，学生往往会发现指导教师所提供的选题范围中并没有一个完全适合自己的题目，这时就需要进行变造，这种变造一般来说主要是对原题规模和难度的变造。

1.3.8　假设验证法

每个人有自己关于论文的一些想法，尽管想法可能并不成熟，也要大胆地将自己的论文选题假设写下来，甚至直接写成自己认为满意的"题目"，然后进行验证和修改，这样很快最终选题就会浮出水面。

对于自己假设的"题目"可以进行如下两个方面的验证：一是看一看自己的"题目"是否别人研究过，在哪些方面研究过，自己还能够做什么。如果自己的想法与他人完全一样，甚至还不及他人已有的研究，那么这个假设就可以舍去。二是看一看自己的"题目"是否有充足的理论依据，实践中的论据是否充足。即使别人没有研究过或者研究有空缺，但自己的大胆假设缺乏理论依据，缺乏资料支撑，那么考虑到毕业论文（设计）写作的时间有限，放弃也许是不错的选择。

在整个"假设——验证"过程中，不仅只有使用、放弃两个答案，通常验证的过程就是文献阅读的过程，更是反思的过程。对于自己大胆假设的题目而言，这就是一个不断修正的过程。在"否定"中修正，在"肯定"中也要修正、完善，最终从中获得自己的选题。

1.3.9　热点冷门法

热点问题和疑点问题一贯是论文（设计）选题的最佳关注点，因此，我们在选题的过程中一定不要忽略专业领域的前沿热点、疑点和难点。

与关注"热点"相反，查找"冷门"往往也是选题的绝佳办法。关注那些长期被人们忽视，别人很少关注或者根本无人问津的领域，也许会有一些新的发现。不过，选择"冷门"不是旁门左道，不能一味地猎奇寻异，必须用科学的态度、辩证的方法去思考，并将价值作为衡量选题的核心依据。没有理论和实践价值的研究，即便哗众取宠也是毫无意义的。

1.3.10　交叉边缘法

交叉是学术研究的重要思路之一，寻找专业与专业之间的交叉结合部分，以及专业的边缘问题，是寻觅和发现选题的一种方法。由于不同专业的性质不同，思考角度不同，专业之间的交叉部分很容易被大家忽略，许多新的研究课题往往就在其中。同样，任何一个专业都会有自己的边缘、前沿问题，专业之间交叉部分通常存在较多"是非"，学无定论，甚至被人们认为是研究的"禁区"，但这些地方也许会让你有很多收获。

第2章

文献综述与外文翻译

2.1 毕业论文(设计)的文献综述

文献综述是本科毕业论文(设计)的一个重要组成部分。当毕业论文(设计)选题确定后,在开始实验、设计和写作前需要做好一些基础性的工作,包括课题相关文献的查阅、分析、归纳、总结等。

2.1.1 文献综述的目的与意义

文献综述是指在全面收集有关文献资料的基础上,经过归纳整理、分析鉴别,对一定时期内某一研究领域或专题的研究成果和进展情况进行系统、全面的叙述与评论。"综"是要求对文献资料进行综合分析、归纳整理,使材料更精练明确、更有逻辑层次;"述"是要求对综合整理后的文献进行全面的、深入的、系统的评述。

做好文献综述,具有以下几个方面的意义:

(1) 通过文献综述,能够为论文(设计)的选题寻求切入点和突破点。任何课题的确立,都要充分考虑现有的研究基础、存在的问题与不足、研究动态与趋势及深入研究的可行性等。通过撰写文献综述,学生对不同研究(设计)思路、方法进行分析、比较与反思,可以深入了解各种研究(设计)的优点和不足,在掌握研究现状的基础上寻找论文(设计)选题的切入点和突破点,使自己的研究真正"站在巨人的肩膀上"。

(2) 通过文献综述,能够为论文(设计)寻求新的研究方法和有力的论证依据。文献综述是跟踪和吸收国内外学术研究的最新成就、了解科学研究前沿动态的有效途径,有助于学生掌握国内外最新的理论、理念和研究方法。从已有的研究(设计)中得到的启发,不仅可以帮助学生找到论文(设计)深入研究的新方法、新线索,还可以为科学地论证自己的观点提供丰富的、强有力的事实和数据资料。

(3) 通过文献综述,能够避免重复劳动,提高研究的意义和价值。将人类历史上尚未提出的或尚未解决的问题作为课题的研究才是真正有意义的科学研究,而重复研究不仅浪费了大量的时间和精力,还会导致科研本身长期处于低水平状态。文献综述的作用就在于避免重复提出前人已经解决的问题,避免重做前人已有的研究,避免重犯前人已经犯过的错误。

（4）文献综述是毕业论文（设计）的重要组成部分。文献综述的作用在于叙述研究现状，阐明选题依据、研究目的和意义，提出选题的创新之处。这样，既能反映选题的科学性、创新性和应用性，又可以使评审专家充分了解论文研究的价值。

2.1.2　文献综述的写法

好的文献综述需要周密构思、精心组织。首先，文献综述要有综合性。学生应广泛阅读相关文献，对文献中的原始数据、结论、观点加以梳理，有机地组织和整合前期的研究成果，而不是简单地罗列堆砌所有的研究结果。此外，文献综述还要有评价性。在综述中，学生要指出前人研究中的优点，更要指出研究中存在的问题和不足。下面给出了文献综述的一般写作步骤和方法，以供参考。

1．确定选题

参考第 1 章内容，学生完成选题工作。

2．收集文献

确定选题后，开始着手收集与选题相关的文献资料。用计算机检索的方法，通过各种检索工具，如文献索引、期刊检索等进行文献收集，也可以从综述性文章、学术论文、著作等的参考文献中查到有关的文献目录。收集文献时，要采取由近及远的方法，找最前沿的研究成果，因为这些成果常常包括前期成果的概述和参考资料，可以快速了解到某一研究问题的现状。

3．拟定提纲

完成文献收集后，则根据文献的相关性、时效性和权威性，确定哪些文献需要详细阅读，哪些文献需要浏览阅读。然后，对所收集的文献做进一步的筛选，仔细阅读，做好笔记，记下所要综述文献中研究的目的、方法、结果、结论、存在的问题、观点的不足与尚未提出的问题等，将相关的、类似的内容分别归类。在此基础上，拟定文献综述的提纲。提纲要缜密，条理清楚，紧扣主题。

4．撰写文献综述

在大量阅读文献资料的基础上，根据选题进行综合论述，并撰写成文。文献综述的写法一般无固定格式，可以按照与毕业论文（设计）选题的关系由远及近进行综述，也可以按照年代顺序进行综述，还可以按照不同方法、观点、问题等进行综述。

2.1.3　文献综述的内容

文献综述通常包括四个部分：引言、主题、总结和参考文献。

引言部分主要说明毕业论文（设计）选题的由来，重点说明当前相关领域与选题有关的主要研究成果、存在的错误观点或有待解决的问题，对要解决或要论述的问题及其所具有的学术意义做出简要说明，使读者对全文要叙述的问题有一个初步的了解。

主题部分是综述的主体，写法多样，要求将收集到的文献资料进行归纳、整理、分析、比较，阐明相关研究（设计）的历史背景、现状和发展方向，以及对这些问题的评述。主题部分应特别注意代表性强、具有科学性和创造性的文献引用和评述。

总结部分是对文献中的主要观点进行总结,指出在研课题与前期相关研究的关联性,使读者既了解问题的过去和现在,又能展望未来,由此提出研究问题或研究假设。在此基础上,学生可以简要介绍选题的主要目的,论文(设计)的主要内容、目标和创新之处等。总结部分应措辞严谨、逻辑严密、文字具体。

参考文献虽然放在论文或设计说明书的最后,却是文献综述的重要组成部分。它不仅表示对被引用文献作者的尊重及引用文献的依据,还为读者深入探讨有关问题提供了文献查找线索,应认真对待。参考文献的编排应条目清楚,查找方便,内容准确无误。参考文献篇数一般不少于 20 篇。对于毕业论文,参考文献应以近五年的英文文献为主。

2.1.4 文献综述写作的注意事项

(1) 收集的文献应尽量全面。掌握全面、大量的文献资料是写好综述的前提。随便收集一点资料就动手撰写是不可能写出好的文献综述的,甚至根本不能称之为文献综述。

(2) 收集资料要瞄准主流文献。收集资料不能漫无目的、无重点,应瞄准主流文献,如该领域的核心期刊、经典著作、专职部门的研究报告、重要人物的观点和论述等。

(3) 注意参考文献的代表性、可靠性和科学性。在收集到的文献中可能出现观点雷同的文献,或在可靠性及科学性方面存在着差异,因此在引用文献时应注意选用代表性、可靠性和科学性较好的文献。

(4) 文献综述中要有作者的分析和见解。综述不是简单的文献罗列,应鼓励学生多发现问题、提出问题,并分析和指出解决问题的可能途径。

(5) 要忠实文献内容。由于文献综述有作者自己的评论分析,因此在撰写时应分清作者的观点和文献的内容,不能篡改文献的内容。

(6) 文献综述要条理清晰、文字通畅简练。若引用文献中的概念和内容,应注明来源,模型、图表、数据等应注明出处。

2.2 毕业论文(设计)的外文翻译

外文翻译是毕业论文(设计)的重要组成部分。通过外文翻译,可以培养学生的外文资料查阅能力和外语应用能力。

2.2.1 外文翻译的写作要求

1. 基本要求

(1) 根据毕业论文(设计)的选题内容,选择 1 篇或 2 篇具有较好相关性和前沿性的外文文献进行翻译,原则上文献作者应为外国人。对于毕业设计,可以适当放宽外文文献的选择范围。

(2) 外文文献要求在 2 万外文字符以上或译文不低于 5 000 字。

（3）外文翻译应附有封面，详见附录 B。

（4）如所在学院要求存档纸质版材料，按封面、翻译初稿、翻译修改稿、翻译终稿和外文文献原文顺序装订成册。

2．格式要求

外文翻译的具体格式要求请参照附录 B。

（1）页边距：上 2.5 cm、下 1.7 cm、左 2.3 cm、右 1.7 cm。

（2）页码：居中位于页脚，从正文开始用阿拉伯数字连续编排。

（3）字体与字号。

文献题目：居中，宋体，三号，加粗；

作者、工作单位：Times New Roman、五号；

摘要：宋体，五号；

关键词：黑体，小四号；

正文：一级标题为黑体、小四号、顶格，段后 0 行，段前 0.5 行；二级标题为黑体、小四号、顶格，段后 0 行，段前 0 行；其他为宋体、小四号，英文用 Times New Roman、小四号。

参考文献：Times New Roman、五号。

（4）行距：单倍行距，取消网格对齐选项。

2.2.2　外文翻译的注意事项

（1）原则上，翻译的文献与课题具有较强的相关性，应该是毕业论文或设计说明书的参考文献中的一篇。

（2）作者名、工作单位、期刊页眉/页脚、参考文献无须翻译。

（3）图和表格不用翻译，以图片的形式插入正文中相应的位置，但图题和表头需要翻译。

（4）翻译要注重专业性和准确性，特别是专业词汇和专业术语的翻译要准确。

（5）翻译要注重语言习惯，并注意长、短句和主、被动语态的转换。

（6）切忌仅使用翻译工具粗略完成翻译，要进行精细修改，做到词义表达清晰，语言流畅。

第3章

毕业论文（设计）开题

3.1 毕业论文（设计）开题要求

3.1.1 开题报告的相关要求

开题报告是学生收到指导教师的任务书后，根据任务书的要求收集课题资料，对其进行归纳、总结后撰写的提交指导教师和教研室批准的课题调研情况及研究计划的报告。报告书须用中文撰写，篇幅在 3 000 字左右，毕业论文参考文献 10～15 篇，毕业设计参考文献 5～10 篇，其中近五年的文献数量多于 1/3，英文文献数量多于 1/3。开题报告的内容涵盖选题的背景与意义、研究的内容和拟解决的主要问题、研究工作的进度、参考文献及预期成果等内容，报告书的格式要求参见附录 C 的要求。

3.1.2 开题报告的内容

1. 选题的目的与意义

该部分主要说明所选课题的目的，包括课题产生的宏观背景、课题对行业的影响或必要性及课题的研究对象、针对的具体内容等，并阐释该课题研究问题的解决对行业或相关领域的意义。

2. 国内外的研究进展

该部分主要说明课题目前在国内外的研究现状，介绍不同的研究结果及结论，比较不同研究之间的异同，着重阐述课题研究内容目前存在的争论焦点。该部分需主要说明课题的国内外研究已达到的水平，仍存在的问题及发展趋势等，指明研究方向，提出可以解决的方法等。

3. 研究内容及拟解决的问题

相比选题的目的与意义，研究内容与拟解决的主要问题是比较具体的，如食品工厂设计中的配方设计、工艺设计中关键点的论证及解决或实验中具体研究内容的体现（如提取方法的优化、结构的解析或活性的分析等）等。课题的研究可以分为几个具体的研究内容加以实施，使之成为可以着手实施的具体内容，切忌研究内容笼统、模糊，或者把研究的目的与意义当作研究内容。

4．研究方法及技术路线

该部分可以根据前期的调研结果，说明准备采用什么样的研究方法研究哪些具体内容，如 RT-PCR 分析基因的表达、单因素或多因素分析法确定最佳条件、文献研究及比较确定配方及生产工艺等。技术路线为课题进行的主线，用以明确不同研究内容之间的先后关系，体现研究的层次递进关系。

5．预期研究结果

根据课题任务书的要求，明确最终的研究成果，如论文的篇幅、图纸（几号）数量等。

6．研究计划及进度安排

毕业论文的内容是分阶段进行的，每个阶段有明确的时间，在时间上要充分考虑各个研究内容的相互关系和难易程度，与指导教师确定每个阶段的完成时间，既不前紧后松，也不虎头蛇尾。课题的中期检查会根据研究计划对学生的论文进度进行检查，因此，研究计划的合理与否会影响中期考查的结果。

7．参考文献

参考文献的格式采用标准格式，毕业论文参考文献为 10～15 篇，毕业设计参考文献 5～10 篇，其中近五年的文献数量应多于 1/3，英文文献数量应多于 1/3。

3.2　开题报告会

3.2.1　开题报告会的要求

（1）开题报告应在任务书下达后的 3 周内撰写完成，并提交指导教师。

（2）开题报告必须经过专业教研室审核通过，未通过者不准进行后续环节。

（3）开题报告会采用报告和答辩结合的形式分组进行，报告人以 PPT 的形式汇报，汇报时间为 3 分钟，提问 3 分钟，主要对课题研究的内容、意义、实验方法及进度安排进行提高，学生记录并回答答辩教师的问题。

3.2.2　开题报告的评价

评审小组根据学生的开题报告及答辩情况，对学生课题的选题目的及意义进行评价，并对学生的调研过程、研究方法、研究计划、课题难易程度等进行评判及指导，从而决定课题的开题环节是否能通过。

第4章

毕业论文（设计）中期检查

4.1 毕业论文（设计）中期检查要求

为了解和掌握学生毕业论文（设计）的进展情况，督促学生加快设计进程，保障毕业论文（设计）的质量，需要开展毕业论文（设计）中期检查工作。检查主要以学院自查为主，学校抽查为辅。

4.1.1 学院自查

学院自查针对不同的专业更具有针对性。为切实保证毕业论文（设计）的质量，学院自查主要分为指导教师自查和学院专业领导小组自查两个部分。

1. 指导教师自查

指导教师填写《毕业论文（设计）中期检查报告》，对毕业论文（设计）已完成部分的进展和质量情况进行检查，并给出评价意见。同时，督促校外设计的学生参加答辩和上交相关材料。

2. 学院专业领导小组自查

学院针对各专业分别成立毕业论文（设计）中期检查领导小组，小组应由3～5人组成（组长1人），审查本专业中期检查报告的完成情况，由组长签署意见。同时，小组提出本专业参加中期答辩的学生名单（不少于参加毕业论文（设计）人数的1/3，含校外设计学生）上报学院办公室。

4.1.2 学校抽查

学校针对各学院毕业论文（设计）中期检查的整体秩序情况进行随机检查。要求学院根据自身的实际情况，制定切实可行的中期检查方案，并督促各专业、各学院形成《毕业论文（设计）中期检查报告》，内容包括前期过程材料的数量、进度情况、存在的问题、改进措施及后续环节的工作安排等。

学校将组织督导专家组对各学院毕业论文（设计）的中期完成情况及任务书、外文翻译、开题报告、中期检查报告、周进展、阶段成果、论文初稿等过程材料进行随机抽检。

4.2　毕业论文（设计）中期答辩

对学院各专业毕业论文（设计）中期检查领导小组抽检的学生进行中期答辩，答辩结束后填写中期检查情况统计表，上报学院办公室汇总整理。

4.2.1　中期答辩安排

答辩采用分组答辩的形式，答辩整个过程中每组不少于 3 名教师。指导教师与学生不强制要求采用背对背和匿名方式，建议采用按学号顺序进行答辩，以免出现学生答辩遗漏。

答辩以学生自述为主，答辩组集体指导，每个学生答辩 8～10 分钟，答辩时采用 PPT 演示前期的研究成果与进展，并提交毕业论文（设计）中期检查相关材料 1 份，供各位答辩老师轮流审阅。

4.2.2　中期答辩材料

答辩组需要综合审核学生论文的选题和具体进展情况，审核材料包括任务书、外文翻译、开题报告、中期检查报告、周进展、阶段成果、论文初稿等。按照毕业论文（设计）进展要求，开题报告和外文翻译需要全部完成，论文（设计）进度完成 1/2 及以上，最终结合答辩情况评定中期答辩结果。

4.2.3　中期答辩结果评定

答辩教师针对学生论文（设计）进展和各项材料的完成情况进行评价，分为提前完成、按期完成、滞后完成 3 个等级，2/3 以上答辩老师的评价结果为不合格时，进行中期二次答辩，两次答辩均未参加或均未通过者，取消毕业论文（设计）首次答辩资格，直接进入毕业论文（设计）二次答辩。

第5章

毕业论文（设计）写作

　　毕业论文(设计)是在现有知识的基础上,反映学生对所学知识的理解、应用和进行原创性分析评述的一项学术研究工作的书面沟通形式。既然是书面沟通形式,就要求学生必须将自己的思想准确无误地传达给读者,因而格式和标准就是必需的。应该尽量避免文章中的语法和文字错误,也不应使用并非人所共知的缩略语。既然是研究性质的,简单来说,毕业论文就需要发现些什么。

　　毕业论文(设计)需要有研究的目标和方向。作为一项学术工作,毕业论文(设计)的写作还必须有学术方面的支撑,比如专业数据和资料及对他人研究成果的引证。同时,毕业论文(设计)的研究也不是孤立的,其结果与现有知识基础的关系应该通过文献综述或者论文中的引注等方式反映出来。

　　毕业论文(设计)还必须反映出学生对所研究领域相关知识的理解,用自己的思想和方法(即所谓的原创性)去探寻一切。也就是说,应大胆设想,小心求证,用严密的理论框架将各种思想和实证结果合乎逻辑地组织起来,对结论进行分析评述。同时,理工类本科毕业论文应更加强调结合生产实际,突出研究成果的实际应用价值。

5.1　毕业论文（设计）的总体要求

　　理工类专业的学生需要独立完成毕业论文(设计),从选题、论文大纲、正文撰写、修改完善、毕业答辩到成绩评定,整个过程历时 14 周。

5.1.1　毕业论文（设计）的内容、格式与结构

1. 论文的内容、格式与结构

1) 论文的内容与格式

毕业论文要求学生根据毕业论文任务书的要求,提出课题研究的具体内容,然后分析问题的实质,并寻找解决问题的具体方法。在撰写毕业论文时,学生需要把课堂上学到的知识运用到分析过程中。毕业论文针对的应当是生产、教学和科研中的实际问题。对实际问题的分析,需要借鉴前人的研究成果:一方面,综述与该问题有关的理论;另一方面,还要了解、借鉴国内外的实践成果,避免已知的常见误区,形成分析问题的框架,然

后对具体问题展开有理论、有实验、有分析的研究。

毕业论文不仅是学生的学习成果，还是学校宝贵的资源。学生的毕业论文将保存在学校的图书馆和档案馆，成为公开的、永久性的学术资料，特别是被评为校级优秀以上的毕业论文将在互联网上发布。因此，每名学生应当按照附录 E 的相关格式规定，认真撰写、校对、打印毕业论文，以方便查阅和参考。要求完成后的毕业论文不少于 2 万字。

2）论文的结构

毕业论文主要由摘要、目录、正文、致谢、参考文献、附录（可以没有）等组成。

（1）摘要

摘要包括"摘要"二字、摘要内容、关键词（3～5 个）。摘要内容应包括论文的主要目的、内容、结论与成果等，字数在 200～400 字。此外，还应撰写英文摘要。

摘要是论文内容的简短陈述，它应具有独立性和自含性，即不阅读论文的全文，就能获得必要的信息。摘要的内容应包含与论文同等量的主要信息，以说明研究工作的目的、实验研究方法、结果和结论，重点是结果与结论。摘要页置于封面页后。英文摘要置于中文摘要页后，为中文摘要的英文翻译。关键词是从论文中提取出的反映主题内容的单词或术语，一般选取 3～5 个词作为关键词。关键词之间用分号隔开，最后一个词后不打标点符号。摘要部分的页码单独编制，为Ⅰ、Ⅱ……形式。

（2）目录

按二级或三级标题自动生成编写。

（3）正文

① 引言（也可使用"绪论"，绪论的写法在此不再详述）。引言又称前言、序言或导言，用在论文的开头。引言一般应概括地写出作者意图，说明选题背景、目的和意义，并指出论文写作的范围和方法。引言作为一个章节，应在目录中标明，要短小精悍、紧扣主题，字数在 500 字左右。

② 综述。详见 2.1 节，在此不再赘述。

③ 论文正文。正文是论文的主体，应包括论点、论据、论证过程和结论。主体部分包括以下内容：

a. 提出问题——论点。

b. 分析问题——论据和论证。

c. 解决问题——论证方法与步骤。

论文正文中的图、表要按章编号，并标清图、表名称。

④ 结论。正文结束时，应写有结论。结论作为一个章节，应在目录中标明，以 400～600 字为宜。

⑤ 课题研究的不足之处与下一步工作展望。指出课题研究还有哪些地方存在不足，并指出课题的下一步研究方向与内容。

（4）致谢。致谢是一篇完整的毕业论文（设计）必不可少的部分，是论文（设计）作者对论文（设计）写作过程中，或对论文（设计）的审查、评阅和答辩等做出贡献的老师、同学、家长、朋友的一种尊重，是论文（设计）写作的基本礼仪。

（5）参考文献。参考文献必须是学生本人真正阅读过的，且以近期发表的文献为主，应与论文工作直接有关。论文中引用参考文献之处须注明参考文献序号，并在文中相应的位置用阿拉伯数字置于"［］"中以上标的形式标注，如"产学研[1]"。不得将引用文献标识置于各级标题处。参考文献的数量不少于20篇，至少包括2篇外文文献。

（6）附录。有必要附于论文中的图、表、资料等。

2. 设计的内容与格式

1）轻工类设计的内容与格式

（1）内容

针对设计任务书的要求进行课题调研和资料的查找，完成毕业设计要求的相关资料收集与整理。提出课题的技术原理实现方案，并经方案设计与比较，确定具体的方案进行设计计算。具体内容要求如下：

① 通过查阅文献了解目前国内外本领域的工程原理及技术发展概况。

② 完成工程方案设计、工艺流程选择与设计参数确定。

③ 完成设计厂区的平面布置及高程布置。

④ 完成设备与材料的选择、建设成本及运营成本计算分析。

⑤ 完成工艺流程图、平面/高程布置图、建/构筑物图等。

⑥ 设计总图量折合A1图纸，轻化工程专业、化学工程与工艺专业、应用化学专业、包装工程专业、化妆品技术与工程专业、生物质能源与材料专业至少4张，环境工程专业至少3张。

（2）格式

毕业设计不仅是学生的学习成果，还是学校宝贵的资源。学生的毕业设计将保存在学校的图书馆和档案馆，成为公开的、永久性的学术资料，特别是被评为校级优秀以上的毕业设计将在互联网上发布。因此，每名学生应当按照附录F的相关格式规定，认真绘制、校对、打印毕业设计图纸，以方便查阅和参考。并按照附录E的相关格式规定，完成1.5万字的毕业设计说明书的撰写。

2）生物类设计的内容与格式

（1）内容

① 绪论。

② 厂址选择。

③ 生产工艺流程。

④ 生产工艺计算。

⑤ 设备选型。

⑥ 重点设备计算。

⑦ 耗冷、水、电计算。

⑧ 全厂经济核算。

⑨ 三废处理方案。

⑩ 完成"全厂平面布局图""工艺流程图""生产车间平面图""生产车间立面图""重点设备构造图"等中的至少4张图纸。

（2）格式

具体格式按照附录 F 的相关格式规定，认真绘制、校对、打印毕业设计图纸，以方便查阅和参考。并按照附录 E 的相关格式规定，完成 1.5 万字毕业设计说明书的撰写。

3）食品类设计的内容与格式

食品类设计的格式详见附录 E，内容如下：

（1）绪论，包括研究的背景与意义、课题的发展现状与趋势、工艺及商业可行性分析、厂址选择等内容。

（2）产品方案与工艺流程。

（3）物料衡算。

（4）设备选型。

（5）生产车间布置及管理。

（6）辅助部位及生活设施设计。

（7）工厂组织规划及劳动力安排。

（8）经济技术分析。

（9）公用工程设计。

4）纺材类设计的内容与格式

纺材类设计的格式详见附录 E，内容如下：

（1）纺织工程专业

① 设计的目的及意义。

② 设计的国内外研究概况。

③ 设计的具体工艺路线（重点部分，包括纺纱、织造、织物结构设计及染色后的整理加工等）。

④ 设计的生产设备、工艺路线和参数及成本核算（重点部分，以工厂设备为主，实验设备为辅）。

（2）无机非金属材料工程专业

① 工艺部分内容（重点设计内容）。

② 玻璃/陶瓷制品配方设计计算，或主要设备窑炉的结构尺寸设计计算。

③ 生产工艺流程的设计论证。

④ 进行物料衡算/热平衡计算、设备选型与计算（定型、非定型）、工艺参数设定等。

⑤ 非工艺部分内容：

a. 厂址选择论证。

b. 对全厂平面布置、车间工艺布置、土建、公用工程、卫生、环保、经济及管理等进行论证。

c. 图纸。重点原料车间——全厂平面布置图 1 张（1 号）、车间工艺布置三视图 1 张（0 号）、工艺流程图 1 张（1 号）、原料仓库平面图 1 张（1 号）；重点烧成或熔制车间——全厂平面布置图 1 张（1 号）、车间工艺布置三视图 1 张（0 号）、窑炉结构图 3 张（1 号）。

（3）高分子材料与工程专业

① 工艺部分内容（重点设计内容）。

a. 进行生产方法和工艺流程论证。

b. 如需要，选出适合的原料配方。

c. 进行物料衡算、设备选型与计算（定型、非定型）、工艺参数设定等。

② 非工艺部分内容。

a. 对车间布置、能量消耗、照明、卫生、环保、经济及管理等进行论证。

b. 绘制图纸，以下方案选择其一。

方案一：造粒工段流程图1张（0号）、车间平面布置图1张（1号）、挤出工艺流程图1张（1号）、机头模具装配图1张（1号）及必要的零件图（4号）。

方案二：带控制点的工艺流程图1张（0号）、车间平面布置图1张（0号）或设备侧视图1张（0号）。

5）机械类设计的内容与格式

（1）内容

针对设计任务书的要求进行课题调研和资料的查找，完成毕业设计要求的结构、技术原理等相关资料的收集与整理。提出课题的技术原理实现方案，并经方案设计与比较，提出具体的设计方案，进行相应的设计计算与结构设计。具体要求如下：

① 通过查阅文献了解目前国内外本领域同类装置的结构、原理及技术发展概况。

② 完成课题的方案设计。

③ 完成各机构的结构设计。

④ 对运动机构进行校核计算、分析，写入设计说明书。

⑤ 由计算机绘制课题图纸的装配图。

⑥ 完成零件图的设计，并由计算机绘制零件图。

⑦ 设计总图量折合 A1 图纸至少 5 张。

⑧ 完成 1.5 万字毕业设计说明书的撰写，要求有中、外文摘要。

（2）格式

机械类设计的格式详见附录 E 和附录 F。

6）信息类设计的内容与格式

（1）内容

针对设计任务书的要求进行课题调研和参考资料的查找，完成毕业设计要求的整体结构、技术原理等相关资料的收集与整理。提出课题的技术原理实现方案，并经方案设计与比较，提出具体的设计方案，进行相应的设计计算与成品设计。具体要求如下：

① 查阅本领域课题的研究背景和发展现状、课题设计流程、实现原理方法等。

② 完成课题的系统结构、算法流程或网络拓扑结构等相关设计。

③ 完成课题内各类组成结构和关键技术的分析、规划及设计。

④ 对系统进行测试和实验记录，调整设计结构，并将结果写入设计说明书。

⑤ 利用计算机进行数据统计、分析或仿真，完成理论验证。

⑥ 完成整体系统的成品效果图、整机电路图、仿真实验图等相关证明材料。

（2）格式

信息类设计的格式详见附录 E 和附录 F。

5.1.2　毕业论文（设计）的研究过程

合格的毕业论文（设计）表明学生在这一领域做出了重要的、可接受的研究工作，并具有本科生水平的分析问题和解决问题的能力。通过课题研究，学生应当掌握设计与实验研究的基本方法，充分利用学校及其他单位的数据库、文献库等资源，以及现有的研究成果，从"巨人的肩膀"上开始自己的攀登。通过毕业论文（设计）的研究，熟悉理工类研究的主要数据库及其检索方法，掌握理工类毕业课题的实验方法和设计流程，懂得理工类课题研究的规律与方法是本科学习的一项重要内容，也将成为未来工作中成功实践的积淀。

毕业论文（设计）的研究从毕业实习和查阅资料开始，这个过程加上毕业实习时间大概在 4 周左右，其间，应完成资料的收集与整理，撰写文献综述，在此基础上，完成开题报告的撰写。开题报告明确了毕业设计课题的具体任务，由此开始进行各部分的设计计算或科学实验工作，这个过程在 3 周左右。这部分完成后即进行结构设计工作，主要是图纸的绘制，课题是论文的同学要分析实验数据，优化实验内容，补充实验。这部分时间在 5 周左右，完成后即可开始进行论文或设计说明书的撰写，时间是 2 周左右，然后是上交论文（设计）与修改、答辩，这部分的时间也在 2 周左右。

5.2　毕业论文（设计）的构思和提纲的拟制

5.2.1　构思和拟制提纲的要点

构思和拟制提纲是使论文格局成形的主要过程，也是论文写作的依据和修改标准。

（1）明确课题内容。学生应结合毕业设计题目和任务书的课题简介，通过实习和收集相关资料，明确课题内容。

（2）规划层次段落。考虑整体框架，确定由几个章节来论述课题内容，明确各章节的关系及先后顺序。

（3）精选材料。收集文献资料和企业、行业的可靠资料和数据，要考虑那些信息量大、日期新、有说服力的材料，并考虑材料的使用位置。

（4）协调结构布局。要结合现实情况，从实际问题出发，正确反映客观事物的发展规律和内在联系，按照"提出问题—分析问题—解决问题"的原则，拟定论文提纲。

5.2.2　构思和拟制提纲的方法

（1）用简洁、鲜明的语言概括论文的主旨及摘要。

（2）用写主题词句的方法概括论文的关键词。

（3）合理安排论文的结构布局，确定从哪几个方面，分几个章节完成论文（设计）。

（4）将资料分属于各个章节，以丰富论文（设计）的内容。

（5）考虑段落的具体安排，明确每段所要表达的中心思想。

5.3 毕业论文（设计）的提交

5.3.1 毕业论文（设计）提交前的自查项目

1．内容检查

（1）是否在论文开头就确定了研究目标？是否讨论了该课题的重要意义？

（2）是否明确界定了所研究的问题，确保抓住了问题的实质，而不仅仅是表象？

（3）是否借鉴了前人的研究成果，是否应用了相关理论，并尽可能地将理论与具体问题相结合？

（4）是否在技术原理与具体结构之间建立起明确的联系，实验设计是否合理，从而使设计结构或实验结果不会显得过于缺乏依据？

（5）是否讨论了其他可能的方案、假设及其局限性？

（6）论文中是否论及如何进行研究的（比如，是否进行了资料查阅、问卷调查、实习实践、咨询过行业专家或相关的政府机构等，抑或是仅仅根据个人感受或经验展开的）？

（7）如果论文（设计）中采用了他人的研究成果（包括企业的内部文件、公司的分析报告等），是否说明哪些是已有的成果，哪些是自己的研究成果？

2．格式与完整性检查

（1）检查论文题目用词是否准确，是否与主题内容一致；课题信息是否正确，如学生、指导教师等的信息；论文的时间是否准确；封面内容填写是否完整，版面格式是否工整等。

（2）中英文摘要是否涵盖了研究目的、研究内容、研究结果及研究结论，且中英文的内容相一致，英文的专业名词用词准确。

（3）开题报告的内容填写完整，专业审查意见齐整，日期填写准确。

（4）实验记录齐全，与论文的内容一致，且要有定期的批改痕迹。

（5）英文翻译内容齐全，涵盖原稿、终稿及中间有批改痕迹的稿件。

（6）参考文献是否格式准确，且出现的顺序与正文中出现的顺序一致。

（7）评阅材料完整（指导、评阅及答辩记录表齐全），日期准确。

（8）各项材料的署名和盖章完整，资料袋内的材料完整，且目录标注准确。

5.3.2 毕业论文（设计）提交的要求

学生应在规定的时间内提交开题报告、毕业论文（设计）初稿、答辩稿和终稿，完成指导教师所要求的修改工作，其中开题报告和论文（设计）终稿需要提交电子版（打印稿应符合各学院具体要求）。

学生按照要求完成自查后，交由指导教师进行检查，检查有缺失或遗漏的，返给学生进行修改，论文重复率较高的，则提交学院进行处理，确认无误的论文提交教研室进行核对，经检查合格后交由专业/学院保存。

5.4　毕业论文（设计）撰写的常见问题与指导建议

根据以往毕业论文（设计）的指导经验,在毕业论文（设计）的撰写过程中存在以下常见问题。

5.4.1　选题把握不准

（1）选题不够新颖,缺乏前瞻性,不能发现和确定本学科研究方向具有前瞻性的问题,习惯从现成的论文文献中寻找所谓的热门话题,选题缺乏新意,创新少。

（2）部分选题题目过大,研究对象不明确,不能从选题本身体会到论文的研究主旨和价值取向。

（3）理论性太强,选题难度太大,超出了本科生所能够把握的范围。

建议：关注行业和学科的热点话题,从中提升到论文命题；调整选题的研究角度,独辟蹊径,对已经热门的话题做适当的剪裁和调整,如从某个视角研究热门话题；研究对象尽可能具体化,缩小研究范围；准确界定选题的研究主旨和价值取向,从选题中表达鲜明的研究内容。

5.4.2　论文构架逻辑性不强、分析计算生搬硬套、论证不足

（1）借助他人的有关概念构建自己的论文框架和逻辑起点,缺乏必要的介绍和说明。

（2）引用有关观点和资料证明论文的观点,采用教科书上的公式和原理进行分析、计算时生搬硬套,牵强附会。

（3）论文中的问题和解决方案之间的对应关系不够完整严密,问题缺乏足够的原因解释,提出的解决方案针对性、系统性、可行性和有效性不够。

建议：撰写论文时要有一定的逻辑性,对于构造论文的基本概念（范畴）之间的逻辑关系一定要思考清晰,表述准确,前后照应,防止出现"头小帽子大""头重脚轻""首尾不对应"等问题。要将研究问题论证清晰,有层次地运用恰当的设计或实验方案解决问题。

5.4.3　摘要撰写混乱

（1）没有掌握毕业论文（设计）摘要的撰写规则,目的不明确,方法交代不清,结果、结论模糊。

（2）摘要的内容与正文关联性不强。

（3）摘要部分往往不能体现论文的研究内容,更多的是体现我要做什么,而不是我怎么做,做了哪些内容,结果是什么。

（4）英文摘要质量不高,英文摘要部分句子是中、英文的直译。存在翻译不准确、不通顺、较多语法错误等问题。

建议：摘要应具有独立性和自含性,是一篇完整的短文,一般应说明研究工作的目的、技术方法、内容及所取得的研究结果和结论等,重点是研究结果。要求结构严谨,表达简明,语义确切。要在内容一致的情况下符合中、英文各自的语言习惯。

5.4.4　行文不严谨

（1）思路不清晰，缺乏基本学术论文的写作训练。

（2）文章内容前后关联性不强，在原因分析、对策建议等方面没有针对存在的问题进行分析。

（3）文不对题。论文题目与内容之间并不契合，在论文中较为常见的是题目过大，而内容较浅或少，不能充分体现题目涵盖的研究实质；前期叙述过多，铺垫过长，应紧扣主题，围绕一个中心叙述，详略得当，主次分明；在设计类型的题目中，子题目的缺少是常见的问题。

（4）重复率较高，学生阅读文献量不够，论文中的很多内容出自某几篇文章，造成重复率较高，为了降低重复率，学生对句子进行了修改，造成句子的可读性变差。

（5）毕业论文的完成没有充分按照任务书的要求进行，包括篇幅不够、文献不足、图纸数量不够或标号不符等，学生应仔细核对任务的有关要求，逐条完成。

建议：多阅读论文和文献，掌握基本概念的界定和阐述的方式；在阅读中通过概括和转述的能力，以札记的形式再现出来，力戒照抄他人的文字；坚持论文要有"问题意识"，应该按照"提出问题—分析问题—解决问题"的思路撰写论文，形成自己的论文表述风格。

5.4.5　格式不规范

（1）标题序号不一致，多种序号混用。

（2）图、表不编号或编号混乱，甚至为扫描图或截图。

（3）数据不一致，使用不同的单位。

（4）全角、半角混用等。

（5）字体、字号、行间距、页码、参考文献标注等格式不规范。

（6）图纸未按制图标准绘制，标题栏不规范，尺寸等标注不全，尺寸公差、形位公差标注不全或存在错误，新旧标准不分。

（7）参考文献的引用不够规范，包括引用文献的格式、字体等。学生引用参考文献时大部分是手动标记，所以不愿意修改或去掉某些含有文献的句子，因为这会造成文献大量修改，或者是学生在正文中对某些文献进行了修改，而后面的参考文献没有进行相应的修改。

建议：严格按照附录 E 及附录 F 规范论文与图纸格式；论文封面、摘要、正文、图、表、页眉、参考文献标注、致谢、附录等内容，严格按照要求逐项进行格式调整和规范。

第6章

毕业论文（设计）答辩

6.1 毕业论文（设计）学术不端检测

6.1.1 检测方式

对于已完成的毕业论文（设计），经指导人审核和评阅人评阅通过，拟参加答辩的应届本科毕业生和学院推荐参评校级优秀毕业论文（设计）的学生，应使用"大学生论文抄袭检测系统"进行本科生毕业论文（设计）检测。

6.1.2 检测结果的性质认定及处理

依据检测结果报告书中的文字复制比（R）对学术不端行为的性质进行初步认定，认定标准见表 6-1。文字复制比（R）是指被检测论文与非本人学术成果的文字重合字数占全文的百分比。

表 6-1 文字复制比检测结果认定标准

结 果 类 别	检 测 结 果	性 质 初 步 认 定
A	$R < 30\%$	通过检测
B	$30\% \leqslant R \leqslant 100\%$	检测不通过

（1）文字复制比在 30％以下的毕业论文（设计）（A 类），视为通过检测，经适当修改后学生可以参加毕业论文（设计）答辩。

（2）文字复制比高于 30％（含 30％）的毕业论文（设计）（B 类），视为检测不通过，取消该学生毕业论文（设计）答辩资格，由学院学术分委员会提出处理意见，并报校学术委员会审批。延期时间视具体情况而定。

（3）学院推荐参评校级优秀的毕业论文（设计），需再次进行检测，其文字复制比高于30％（含 30％）者，取消其评优资格，处理方法按上述（2）执行。

6.2 毕业论文（设计）抽检

为了保证本科生毕业论文（设计）质量，设置了本科毕业论文（设计）抽检。

6.2.1　抽检范围及比例

本科毕业论文（设计）抽检工作遵循独立、客观、科学、公正的原则。

毕业论文（设计）抽检每年进行两次，第一次为本学年待授予学士学位的毕业论文（设计），抽检比例不低于3%。第二次抽检针对当年存档的已授学士学位的毕业论文（设计），两次抽检比例之和原则上不低于6%。

6.2.2　抽检结果反馈

抽检结果以适当的方式向各专业和抽检学生公开，对"存在问题毕业论文（设计）"，责成该学生所在专业提出整改要求和整改期限，并督促学生按时完成相应的整改。

6.3　毕业论文（设计）答辩的要求与程序

学生必须于答辩前一周将毕业论文（设计）及图纸按要求提交指导教师审阅；系（教研室）安排评阅人对学生的毕业论文（设计）质量和学术水平进行评阅，写出评语并给出成绩。经指导教师或评阅人认定毕业论文（设计）质量和水平未达到本科生毕业要求者，不能参加正常的毕业答辩，直接进入二次答辩。

6.3.1　答辩要求

（1）学生按照任务书的要求提交规定数量的毕业论文（设计）打印稿和规定数量、规格的图纸打印稿。

（2）用PPT准备答辩。

（3）每人答辩时间一般应在20分钟以上，其中，个人陈述8～10分钟，答辩提问及回答问题10～15分钟。

（4）答辩记录。答辩秘书按照要求认真做好答辩记录，答辩记录可以打印或者手写。

6.3.2　答辩内容

1. 毕业设计答辩的主要内容

（1）工程设计背景及目的。

（2）工艺流程的选择与设计参数的确定。

（3）设计厂区的平面布置及高程布置。

（4）设备及材料的参数确定及选择。

（5）建设成本及运营成本计算分析。

（6）其他相关设计内容。

2. 毕业论文答辩的主要内容

（1）论文研究背景及目的。

（2）论文主要研究的内容。

（3）实验用仪器、设备及实验步骤。

（4）论文结果讨论及结论。

6.3.3 答辩反馈

答辩结束后,根据答辩材料提交情况及答辩表现,学生能够得到优秀、良好、中等、及格、不及格的不同档次反馈,反馈为不及格的学生,需要参加学院的二次答辩。

其余学生需要根据答辩中提出的修改意见,对毕业论文（设计）和图纸进行修改,完成要求的修改内容后,才能获得最终成绩。

6.3.4 答辩的注意事项

（1）毕业论文（设计）答辩应全程采用匿名形式进行,指导教师应回避所指导学生的答辩过程。

（2）如答辩需要,可聘请其他专业的教师或外单位专家参加答辩。

（3）答辩小组组长负责管理答辩会场纪律,确保整个答辩过程严肃、公正、有序。

6.4 毕业论文（设计）成绩评定标准

6.4.1 毕业论文（设计）成绩评定办法

毕业论文（设计）成绩采取五级记分制评定。各学院（专业）可依据指导教师成绩（30%）、评阅人成绩（30%）和答辩成绩（40%）加权求和后换算成五级分制,综合确定毕业论文（设计）成绩。各专业可根据实际情况将学生的阶段性成绩（开题、中期检查等）按一定比例计入总成绩中。成绩评定要严肃、客观、公正,从严掌握、控制成绩分布,原则上成绩分布要求优秀成绩低于 20%,优良成绩低于 60%,优良中成绩低于 90%,防止成绩偏高的低标准现象发生。不得以考研、评优和照顾毕业为条件干扰成绩评定,亦不得按指导教师分配优秀成绩名额。

6.4.2 毕业论文（设计）成绩评定参考标准

毕业论文（设计）成绩评定参考标准见表 6-2。

表 6-2 毕业论文（设计）成绩评定参考标准

优秀 （90～100 分）	（1）学生有较强的独立工作能力,能综合运用所学知识发现、提出、分析、解决实际问题,出色地完成毕业设计任务书中规定的全部任务,并表现出某些独到的见解或创造性。 （2）毕业论文（设计）内容完备,并有一定的深度,概念清楚,数据可靠,文字通顺,图表齐全、整洁、标准。 （3）在规定的答辩时间内能简明扼要地做出报告,对于提出的问题回答准确,表述清晰

续表

良好 （80～89分）	（1）学生有一定的独立工作能力，能运用所学知识发现、提出、分析、解决实际问题，较好地完成毕业设计任务书中规定的全部任务。 （2）毕业论文（设计）内容完备，并有一定的深度，概念清楚，数据可靠，文字通顺，图表齐全、整洁、标准。 （3）在规定的答辩时间内能简明扼要地做出报告，并能正确回答问题
中等 （70～79分）	（1）学生有一定的独立工作能力，能运用所学知识分析、解决实际问题，能完成毕业设计任务书中规定的全部任务。 （2）毕业论文（设计）内容完备，图表齐全并符合标准。 （3）对毕业论文（设计）讲述清楚，基本上能正确回答问题
及格 （60～69分）	（1）在教师的指导下，完成了毕业论文（设计）任务书中规定的要求，在非主要问题上存在一定错误。 （2）毕业论文（设计）内容基本完备，图表齐备并符合标准。 （3）在规定的答辩时间内，对毕业论文（设计）讲述基本清楚，经启发后能正确回答问题
不及格 （59分及以下）	（1）未完成任务书中规定的基本任务。 （2）设计图纸数量不足，质量极差，说明书或论文有原则错误，书写潦草，语句不通。 （3）在方案论证、分析、实验等工作中反映出能力和基本技能方面有明显欠缺。 （4）毕业论文（设计）被确认为抄袭或弄虚作假。 （5）累计缺勤时间超过毕业论文（设计）全过程的1/3。 （6）答辩时不能正确阐述毕业论文（设计）的主要内容，对有关的基本知识模糊不清，经二次答辩后，回答仍有错误或回答不出。 （7）不按学院要求装订论文，打印图纸；不按要求提交必要的电子文档

注：由于特殊原因未能参加正常毕业答辩者，由答辩委员会讨论决定其是否延期答辩，并报教务处批准。

6.5 毕业论文（设计）材料归档要求

在毕业论文（设计）工作结束后，学生需按照要求提交归档材料，需归档的材料如下。

6.5.1 学生上交的毕业论文（设计）材料

（1）在维普论文管理系统内按时提交开题报告、外文翻译（原文、译文、教师修改稿、终稿）、中期报告、任务书、毕业论文（设计说明书）答辩稿、毕业论文（设计说明书）最终稿、相关的附件材料（任务书中规定的图纸、作品、视频、照片等）、最终稿的查重报告、周进展。

（2）纸质版胶装毕业论文（设计）最终稿 1 本。其装订顺序为：封面、扉页、中文摘要、英文摘要、目录、正文、结论、参考文献、附录、致谢。

注意：外文翻译草稿需要有指导教师批阅意见。

6.5.2　归档材料要求

（1）学生由维普系统导出毕业论文（设计）任务书、开题报告、外文翻译（原文、译文、教师修改稿、终稿）、中期报告、毕业论文（设计说明书）答辩稿、毕业论文（设计说明书）最终稿、相关的附件材料（任务书中规定的图纸、作品、视频、照片等）、最终稿的查重报告。

（2）上述材料电子版存入文件夹，文件夹以学号＋姓名的方式命名，交给指导教师。纸质版胶装毕业论文（设计）直接交给指导教师。

6.6　优秀毕业论文（设计）提交

各学院（专业）根据毕业论文（设计）答辩情况推荐校级优秀毕业论文（设计），优秀毕业论文（设计）必须有独特的见解、较高的学术水平和一定的实用价值。

校优秀毕业论文（设计）按照各学院（专业）毕业生人数的 2% 推荐。经学校审核认定的校级优秀毕业论文（设计）必须将原文按附录 G 缩编成 3 000 字左右的文件，经指导教师审核后，提交电子文档及打印稿 1 份。

附录A

毕业论文（设计）任务书模板

大连工业大学
毕业论文（设计）任务书

届　　　学院　　　专业

题　目：＿＿＿＿＿＿＿＿＿＿＿

子　题：＿＿＿＿＿＿＿＿＿＿＿

学生姓名	班级	学生学号
指导教师姓名	职称	系（教研室）

下达日期：　年　月　日　完成日期：　年　月　日

题目类型	☑论文、□设计、□综合、□其他	题目来源	☑科研、□教学、□生产、□其他
题目性质	☑科研、□生产、□实际课题、□模拟、□其他		

课题简介：

> 注：宋体，五号，单倍行距，段前、段后为0，首行缩进2个字符，字母、数字用 Times New Roman

具体任务、内容及要求：

> 注：宋体，五号，单倍行距，段前、段后为0，首行缩进2个字符，字母、数字用 Times New Roman

日程安排：预计工作量，共　　周

查阅资料、开题报告	第　周～第　周	撰写论文（说明书）	第　周～第　周
设计计算（实验）	第　周～第　周	上交论文（设计）	第　周～第　周
绘图（数据处理）	第　周～第　周	评阅、答辩	第　周～第　周

> 注：宋体，五号，数字用Times New Roman

指导教师（签字）：＿＿＿＿＿＿＿＿＿＿

系（教研室）主任（签字）：＿＿＿＿＿＿＿＿

附录B

外文翻译模板

大连工业大学
毕业论文（设计）外文翻译

注：宋体，三号，英文用Times New Roman

____届 _____学院 _____专业

注：题目和子题均为宋体，三号，
英文用Times New Roman

题 目：_____

子 题：_____

注：宋体，四号，英文用Times New Roman

学生姓名	班级	学生学号
指导教师姓名	职称	系（教研室）

注：三号，填写
数字用Times New
Roman

下达日期： 年 月 日 完成日期： 年 月 日

注：宋体，三号，加粗，居中，单倍行距，段前0.5行，段后0行

实现性能最优化——膜渗透性和选择性之间的权衡

Ho Bum Park,[1] Jovan Kamcev,[2] Lloyd M. Robeson,[3] Menachem Elimelech,[4] Benny D. Freeman[2][*]

1 Department of Energy Engineering, Hanyang University, Seoul 04763, Republic of Korea.

2 Department of Chemical Engineering, Texas Materials Institute, Center for Research in Water Resources, and Center for Energy and Environmental Research, The University of Texas at Austin, 10100 Burnet Road, Building 133 (CEER), Austin, TX 78758, USA.

3 Department of Materials Science and Engineering, Lehigh University, 1801 Mill Creek Road, Macungie, PA 18062, USA.

4 Department of Chemical and Environmental Engineering, Yale University, New Haven, CT 06520-8286, USA.

 * Corresponding author. Email: freeman@che.utexas.edu

注：Times New Roman，五号，单倍行距，段前0行，段后0行

摘要：在水净化、石油精炼、化学品生产和碳捕获等应用中，对节能分离的需求不断增加，这刺激了人们对新型高性能分离膜的积极探索。合成膜面临着一个普遍存在的、不公平的权衡：渗透性提高则选择性下降，反之亦然。然而，同时具有高渗透性和高选择性的材料即将出现……

注："摘要"为宋体，五号，加粗，顶格；摘要正文为宋体，五号，英文用Times New Roman，单倍行距，段前0行，段后0行

　　合成膜多数为聚合物基，广泛用于气体分离（例如，空气脱水、O_2/N_2 分离、氢气净化及从天然气中去除 CO_2、H_2S 和更高的碳氢化合物）、水净化（例如，脱盐、超纯水生产、饮用水处理、市政和工业废水处理和再利用）[1-3]、生物处理（例如，无菌过滤、蛋白质浓缩和缓冲液交换）[4-5]……

注：正文为宋体，小四号，英文用Times New Roman，段首空两格，单倍行距，段前0行，段后0行

注：正文一级标题为黑体，小四号，顶格，单倍行距，段后0行，段前0.5行；二级标题为黑体，小四号，顶格，单倍行距，段后0行，段前0行

渗透率——选择性权衡的起源

20 世纪 70 年代末，用于气体分离的聚合物膜的商业化促使人们持续寻找具有更好分离性能的材料……

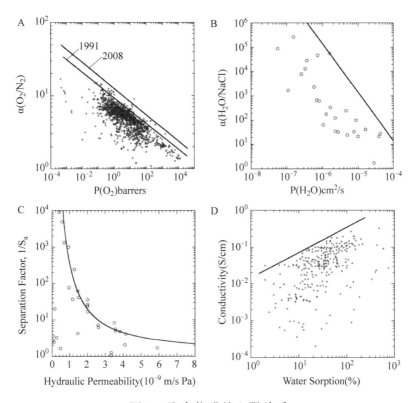

图 1 聚合物膜的上限关系

（A）O_2/N_2 分离[23]；（B）水/盐分离[39]；（C）蛋白质/水分离……

注：图表标题为宋体，五号，英文用 Times New Roman，居中，单倍行距，段前0行，段后0.5行

注："参考文献"为宋体，加粗，五号，顶格，单倍行距，段前 0.5 行，段后 0 行；参考文献正文为宋体，五号，英文用 Times New Roman，顶格，单倍行距，段前0行，段后0行

参考文献：

［1］ M. Elimelech，W. A. Phillip，The future of seawater desalination：Energy，technology，and the environment. Science 333，712-717（2011）. doi：10. 1126/science. 1200488；pmid：21817042.

［2］ M. A. Shannon et al. ，Science and technology for water purification in the coming decades. Nature 452，301-310（2008）. doi：10. 1038/nature06599；pmid：18354474.

［3］ R. W. Baker，Membrane Technology and Applications（John Wiley ℰ Sons，Inc. ，ed. 3，Hoboken，NJ，2012）.

……

原文（略）

附录C

开题报告模板

大连工业大学
毕业论文（设计）开题报告

届　　　　学院　　　　专业

注：宋体，三号

题　目：＿＿＿＿＿＿＿＿＿＿＿＿＿＿＿＿＿＿＿＿

注：宋体，三号

子　题：＿＿＿＿＿＿＿＿＿＿＿＿＿＿＿＿＿＿＿＿

注：宋体，三号

学生姓名	班级	学生学号
指导教师姓名	职称	系（教研室）

注：三号，填写
数字用Times New
Roman

下达日期：　年　月　日　完成日期：　年　月　日

开题报告的内容包括：1.选题的意义；2.简述选题在该领域的水平和发展动态；3.论文（设计）所要设计、研究的内容及可行性论证；4.主要关键技术、工艺参数和理论依据；5.论文（设计）的研究特色和创新之处；6.主要参考文献。

注：正文标题，宋体，加粗，五号，段首空两格，单倍行距，段前0.5行，段后1行；正文内容，宋体，五号，英文用Times New Roman，段首空两格，单倍行距，段前0行，段后0行

实施方案和时间安排（按教学周次安排）：

指导教师意见	签字： 年　　月　　日
系（专业）领导小组意见	组长签字： 年　　月　　日
备注	

注：此表由学生填写，中间页不足时，可另附纸。

中期检查报告模板

大连工业大学

毕业论文（设计）中期报告

届　　　　学院　　　专业

注：宋体，三号

题　目：_____

注：宋体，三号

子　题：_____

注：宋体，三号

学生姓名	班级	学生学号
指导教师姓名	职称	系（教研室）

注：宋体，四号

注：三号，填写数字，用Times New Roman

下达日期：　年　月　日　完成日期：　年　月　日

开题日期		计划完成日期	
论文（设计）进展情况	提前完成□；按期完成□；滞后完成□	能否按期完成	

目前按任务书规定应完成的内容：

注：正文标题，宋体，加粗，五号，段首空两格，单倍行距，段前 0.5行，段后 0 行；正文内容，宋体，五号，英文用Times New Roman，段首空两格，单倍行距，段前 0 行，段后 0 行

目前已完成的内容：

指导教师意见	
	签字： 年 月 日
系（专业）领导小组意见	
	签字： 年 月 日

毕业论文（设计）排版规范要求

大连工业大学

毕 业 论 文（设 计）

题目：_____

子题：_____

专　　业：_____ 指导教师：_____

学生姓名：_____ 班级-学号：_____

年　　　月

大连工业大学本科毕业论文（设计）

注：居中，宋体，二号，加粗

大连工业大学毕业论文（设计）题目

Subject of Undergraduate Graduation Thesis (Project) of DLPU

注：此处是论文（设计）的中、英文题目，中文题目不超过25个汉字，居中，黑体，小二号，多倍行距1.25，段前、段后均为0行，取消网格对齐选项。英文题目与中文题目对应，居中，Times New Roman，四号，加粗，多倍行距1.25，段前、段后均0行，取消网格对齐选项

论文（设计）完成日期　　20　　　年　　月　　日

学　　　　院：＿＿＿＿＿＿＿＿＿

专　　　　业：＿＿＿＿＿＿＿＿＿

学 生 姓 名：＿＿＿＿＿＿＿＿＿

班 级 学 号：＿＿＿＿＿＿＿＿＿

指 导 教 师：＿＿＿＿＿＿＿＿＿

评 阅 教 师：＿＿＿＿＿＿＿＿＿

注：此处按照实际情况填写即可，打印（宋体，四号）

年　　　月

大连工业大学　　届本科毕业论文（设计）

本科生毕业论文（设计）原创性声明

　　本人郑重声明：所呈交的毕业论文（设计）是本人在指导教师指导下独立研究、写作的成果，论文（设计）中引用他人的观点和参考资料均加以注释和说明。本论文（设计）中没有剽窃、抄袭他人研究成果和伪造数据等行为。对完成本文做出重要贡献的个人和集体，在文中均作了明确的说明并表示了谢意。如有违规行为发生，本人愿承担一切责任并接受学校的处理。

论文（设计）作者签名：＿＿＿＿＿＿＿＿＿　　日期：＿＿＿＿＿＿＿＿＿

本科生毕业论文（设计）版权使用授权书

　　大连工业大学有权保留并向国家有关部门或机构送交毕业论文（设计）的复印件和电子版，允许毕业论文（设计）被查阅和借阅。本人授权大连工业大学可以将本人的本科毕业论文（设计）全部或部分内容编入有关数据库进行检索，可以采用影印、缩印或其他复印手段保存、汇编毕业论文（设计）。

论文（设计）作者签名：＿＿＿＿＿＿＿＿＿　　日期：＿＿＿＿＿＿＿＿＿

指 导 教 师 签 名：＿＿＿＿＿＿＿＿＿　　日期：＿＿＿＿＿＿＿＿＿

大连工业大学　　届本科生毕业论文（设计）

注：页眉，居中，楷体，五号

注："摘要"是摘要部分的标题，不可省略；
黑体，三号，居中，1.5 倍行距，段后 0.5 行，
段前 0 行；摘要之间空四格

摘　　要

　　摘要是毕业论文（设计）的缩影，文字要简练、明确。内容要包括目的、方法、结果和结论。单位采用国际标准计量单位制，除特别情况外，数字一律用阿拉伯数字。文中不允许出现插图。重要的表格可以写入。

　　摘要正文每段落首行缩进 2 个汉字；宋体，小四号，固定值 20 磅，段前、段后均 0 行，取消网格对齐选项。

　　摘要篇幅以一页为限，字数为 400～500 字。

关键词：写作规范；排版格式；毕业论文（设计）

注：黑体，小四号

注：摘要正文后，列出 3~5 个关键词，关键
词与摘要之间空一行；宋体，小四号；关
键词之间用分号间隔

大连工业大学　　　届本科生毕业论文（设计）

Abstract

外文摘要要求用英文书写，内容应与"中文摘要"对应。使用第三人称，最好采用现在时态编写。

"Abstract"不可省略。标题"Abstract"设置成 Times New Roman，居中，三号字体，1.5 倍行距，段后 0.5 行，段前 0 行。

Abstract 正文选用设置成每段落首行缩进 2 字，Times New Roman，小四号，固定值 20 磅，段前、段后均 0 行，取消网格对齐选项。

Key Words：Write Criterion；Typeset Format；Graduation Thesis（Project）

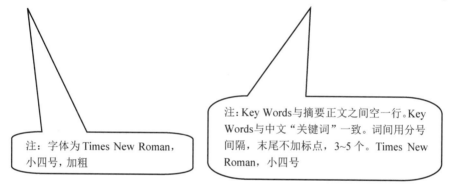

注：字体为 Times New Roman，小四号，加粗

注：Key Words 与摘要正文之间空一行。Key Words 与中文"关键词"一致。词间用分号间隔，末尾不加标点，3~5 个。Times New Roman，小四号

大连工业大学　　　届本科生毕业论文（设计）

注：标题"目录"，黑体，小三号。
章、节标题和页码，宋体，小四号。
多倍行距1.25

目　　录

大连工业大学　　　届本科生毕业论文（设计）

引　言

　　所有专业本科生的毕业论文（设计）应有"引言"的内容。如果引言部分省略，该部分内容在正文中单独成章，标题改为绪论，用足够的文字叙述。从引言开始，是正文的起始页，页码从1开始顺序编排。

　　针对做毕业设计：说明毕业设计的方案理解，阐述设计方法和设计依据，讨论对设计重点的理解和解决思路。

　　针对做毕业论文：说明论文的主题和选题的范围，对本论文研究主要范围内已有文献的评述，说明本论文所要解决的问题。建议与相关历史回顾、前人工作的文献评论、理论分析等相结合。

　　注意：是否如实引用前人的结果反映的是学术道德问题，应明确写出同行相近的和已取得的成果，避免抄袭之嫌。注意不要与摘要内容雷同。

　　书写格式说明：

　　（1）标题"引言"字体用黑体，居中，三号，1.5倍行距，段前0行，段后0.5行。

　　（2）引言正文字体用宋体，小四号，行距取固定值20磅，段前、段后均0行，取消网格对齐选项。

注：页码，居中，底部，宋体，小五号，正文起始页页码为1

大连工业大学　　　届本科生毕业论文（设计）

> 注：每一章均另起一页

第1章　正文格式说明

"正文"不可省略。

设计说明书或正文是毕业论文（设计）的主体，要着重反映设计或论文的工作，突出毕业设计的设计过程、设计依据及解决问题的方法；毕业论文重点要突出研究的新见解，如新思想、新观点、新规律、新研究方法、新结果等。

正文要求论点正确，推理严谨，数据可靠，文字精练，条理分明，文字图表规范、清晰和整齐。在论文的行文上，要注意语句通顺，达到科技论文所必须具备的"正确、准确、明确"的要求。计量单位采用国家技术监督局1993年发布的 GB 3100～3102《量和单位》中规定的名称。各类单位、符号必须在论文中统一使用，外文字母必须注意大小写、正斜体。简化字采用正式公布过的，不能自造和误写。利用别人研究成果必须附加说明。引用前人材料必须引证原著文字。

1.1　论文格式的基本要求

（1）纸型：A4 纸，单面打印。

（2）页边距：上 2.54 cm，下 2.54 cm，左 3.18 cm，右 3.18 cm。

（3）页眉：1.5 cm；页脚：1.7 cm，左侧装订。

（4）正文字体：宋体，小四号。

（5）行距：取固定值 20 磅，段前、段后均 0 行，取消网格对齐选项。

1.2　论文页眉、页码的编排

页眉：从摘要页开始一律设为"大连工业大学××××届本科生毕业论文（设计）"（楷体，五号，居中）。

页码：居中位于页脚，前置部分除扉页外用罗马数字单独编排；页码从前言开始用阿拉伯数字连续编排。

1.3　各章节标题的格式

第♯章　♯♯（三号，黑体，居中；1.5 倍行距，段前 0 行，段后 0.5 行）

　　1.1　♯♯（四号，黑体，顶格；1.5 倍行距，段前 0.5 行，段后 0 行）

大连工业大学 届本科生毕业论文（设计）

1.1.1 ##（小四号，黑体，顶格；1.5倍行距，段前0.5行，段后0行）

1.1.1.1 ##（小四号，黑体，顶格；1.5倍行距，段前0行，段后0行）

注：序号与文字之间空一格。

1.4 各章之间的分隔符设置

各章之间应重新分页，使用"分页符"进行分隔。

大连工业大学　　　届本科生毕业论文（设计）

第 2 章　图、表及公式的格式说明

图、表、公式等与正文之间要有一行的间距。文中的图、表、公式一律采用阿拉伯数字分章编号，例如，图 2.5，表 1.1，公式(5.1)。若图、表中有附注，则采用英文小写字母顺序编号。

2.1　图的格式说明

2.1.1　图的格式示例

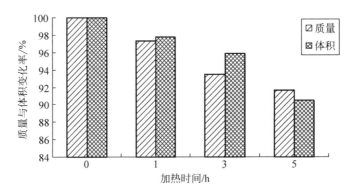

图 2.1　50℃加热不同时间鲍鱼的质量与体积变化

2.1.2　图的格式描述

1. 图的绘制方法

（1）插图、照片应尽量通过扫描粘贴进本文。

（2）简单的文字图可用 Word 直接绘制，复杂的图考虑使用相应的图形绘制软件完成，以提高图形的表达质量。

2. 图的位置

（1）图居中排列。

（2）图与上文之间应留一空行。

（3）图中若有附注，一律用阿拉伯数字和右半圆括号按顺序编排，如注 1)，附注写在图的下方。

大连工业大学　　　届本科生毕业论文（设计）

3．图的版式

（1）"设置图片格式"的"版式"为"上下型"或"嵌入型"，不得"浮于文字之上"。

（2）图的大小尽量以一页的页面为限，不要超限，一旦超限要加续图。

4．图名的写法

（1）图名居中并位于图下，编号应分章编号，如图 2.1。

（2）图名与下文留一空行。

（3）图及其名称要放在同一页中，不能跨接两页。

（4）图内文字清晰、美观。

（5）图名设置为宋体，五号，居中。

2.2　表的格式说明

2.2.1　表的格式示例

表 2.1　统计表

产品	产量/台	销量/台	产值/万元	比重/%
手机	11 000	10 000	500	50
电视机	5 500	5 000	220	22
计算机	1 100	1 000	280	28
合计	17 600	16 000	1 000	100

2.2.2　表的格式描述

1．表的绘制方法

表需要直接在 Word 中插入，不能从其他地方复制并粘贴到 Word 中。

2．表的位置

（1）表格居中排列。

（2）表格与下文应留一行空格。

（3）表中若有附注，一律用阿拉伯数字和右半圆括号按顺序编排，如注 1)，附注写在表的下方。

3．表的版式

表的大小尽量以一页的页面为限，不要超限，一旦超限要加续表。

大连工业大学　　届本科生毕业论文（设计）

4．表名的写法

（1）表名应当在表的上方并且居中，编号应分章编号，如表 2.1、表 2.2。

（2）表名与上文留一空行。

（3）表及其名称要放在同一页中，不能跨接两页。

（4）表内文字全文统一，设置为宋体，五号。

（5）表名字体设置为宋体，五号，居中。

（6）按照专业特性，表的标题行中可适当加入辅助线。

2.3　公式的格式说明

2.3.1　公式的格式示例

定义公式的形式如下：

$$\text{LRI} = 1 \bigg/ \sqrt{1 + \left(\frac{\mu_R}{\mu_S}\right)^2 \left(\frac{\delta_R}{\delta_S}\right)^2} \qquad\qquad (2.1)$$

式中，μ_R 和 μ_S——抗力和载荷效应的均值；

　　　……

2.3.2　公式的格式描述

（1）公式整行右对齐，并调整公式与公式序号之间的距离，使公式部分居中显示。

（2）公式序号应按章编号，公式编号在行末列出，如（2.1）（2.2）。

（3）公式编号的字体为五号，宋体，其间不加虚线。

（4）公式应采用 Word 的公式编辑器进行编辑。

大连工业大学　　届本科生毕业论文（设计）

注：每一章均另起一页

第3章　量和单位的使用

（1）必须按照国家技术监督局 1993 年发布的 GB 3100～3102《量和单位》，不得使用非法定及已废弃的计量单位及符号，如高斯（G 和 Gg）、亩、克分子浓度（M）、当量浓度（N）等。

（2）量和单位不用中文名称，而用法定符号表示。物理量符号、物理常量、变量符号用斜体，计量单位符号等均用正体。参考（GB 3100～3102—1993）。

（3）计量单位见表 3.1～表 3.4。

表 3.1　SI 基本单位

量 的 名 称	单 位 名 称	单 位 符 号
长度	米	m
质量	千克（公斤）	kg
时间	秒	s
电流	安[培]	A
热力学温度	开[尔文]	K
物质的量	摩[尔]	mol
发光强度	坎[德拉]	cd

表 3.2　包括 SI 辅助单位在内的具有专门名称的 SI 导出单位

量 的 名 称	SI 导出单位		
	名称	符号	用 SI 基本单位和 SI 导出单位表示
[平面]角	弧度	rad	$1\ \text{rad}=1\ \text{m/m}=1$
立体角	球面度	sr	$1\ \text{sr}=1\ \text{m}^2/\text{m}^2=1$
频率	赫[兹]	Hz	$1\ \text{Hz}=1\ \text{s}^{-1}$
力	牛[顿]	N	$1\ \text{N}=1\ \text{kg}\cdot\text{m/s}^2$
压力，压强，应力	帕[斯卡]	Pa	$1\ \text{Pa}=1\ \text{N/m}^2$
能[量]，功，热量	焦[耳]	J	$1\ \text{J}=1\ \text{N}\cdot\text{m}$
功率，辐[射能]通量	瓦[特]	W	$1\ \text{W}=1\ \text{J/s}$
电荷[量]	库[仑]	C	$1\ \text{C}=1\ \text{A}\cdot\text{s}$
电压，电动势，电位，（电势）	伏[特]	V	$1\ \text{V}=1\ \text{W/A}$
电容	法[拉]	F	$1\ \text{F}=1\ \text{C/V}$
电阻	欧[姆]	Ω	$1\ \Omega=1\ \text{V/A}$
电导	西[门子]	S	$1\ \text{S}=1\ \Omega^{-1}$

大连工业大学　　　届本科生毕业论文（设计）

续表

量 的 名 称	SI 导出单位		
	名称	符号	用 SI 基本单位和 SI 导出单位表示
磁通［量］	韦［伯］	Wb	1 Wb＝1 V·s
磁通［量］密度，磁感应强度	特［斯拉］	T	1 T＝1 Wb/m²
电感	亨［利］	H	1 H＝1 Wb/A
摄氏温度	摄氏度	℃	1 ℃＝1 K
光通量	流［明］	lm	1 lm＝1 cd·sr
［光］照度	勒［克斯］	lx	1 lx＝1 lm/m²

表 3.3　SI 词头

因　　数	词头名称		符　　号
	英　文	中　文	
10^{24}	yotta	尧［它］	Y
10^{21}	zetta	泽［它］	Z
10^{18}	exa	艾［可萨］	E
10^{15}	peta	拍［它］	P
10^{12}	tera	太［拉］	T
10^{9}	giga	吉［咖］	G
10^{6}	mega	兆	M
10^{3}	kilo	千	k
10^{2}	hecto	百	h
10^{1}	deca	十	da
10^{-1}	deci	分	d
10^{-2}	centi	厘	c
10^{-3}	milli	毫	m
10^{-6}	micro	微	μ
10^{-9}	nano	纳［诺］	n
10^{-12}	pico	皮［可］	p
10^{-15}	femto	飞［母托］	f
10^{-18}	atto	阿［托］	a
10^{-21}	zepto	仄［普托］	z
10^{-24}	yocto	幺［科托］	y

大连工业大学   届本科生毕业论文(设计)

表 3.4   可与国际单位制单位并用的我国法定计量单位

量的名称	单位名称	单位符号	与 SI 单位的关系
时间	分	min	$1\ \text{min}=60\ \text{s}$
	［小］时	h	$1\ \text{h}=60\ \text{min}=3\ 600\ \text{s}$
	日,(天)	d	$1\ \text{d}=24\ \text{h}=86\ 400\ \text{s}$
［平面］角	度	°	$1°=(\pi/180)\ \text{rad}$
	［角］分	′	$1'=(1/60)°=(\pi/10\ 800)\ \text{rad}$
	［角］秒	″	$1''=(1/60)'=(\pi/648\ 000)\ \text{rad}$
体积	升	L,(l)	$1\ \text{L}=1\ \text{dm}^3=10^{-3}\ \text{m}^3$
质量	吨	t	$1\ \text{t}=10^3\ \text{kg}$
	原子质量单位	u	$1\ \text{u}\approx1.660\ 540\times10^{-27}\ \text{kg}$
旋转速度	转每分	r/min	$1\ \text{r/min}=(1/60)\ \text{s}^{-1}$
长度	海里	n mile	$1\ \text{n mile}=1\ 852\ \text{m}$ （只用于航行）
速度	节	kn	$1\ \text{kn}=1\ \text{n mile/h}=(1\ 852/3\ 600)\ \text{m/s}$ （只用于航行）
能	电子伏	eV	$1\ \text{eV}\approx1.602\ 177\times10^{-19}\ \text{J}$
级差	分贝	dB	—
线密度	特［克斯］	tex	$1\ \text{tex}=10^{-6}\ \text{kg/m}$
面积	公顷	hm^2	$1\ \text{hm}^2=10^4\ \text{m}^2$

大连工业大学　　　　届本科生毕业论文(设计)

注：每一章均另起一页

第4章　规范表达的注意事项

4.1　名词术语

应使用科学技术名词审定委员会审定的自然科学名词术语；应按有关的标准或规定使用工程技术名词术语；应使用公认共知的尚无标准或规定的名词术语。作者自拟的名词术语，在文中第一次出现时，须加注说明。表示同一概念或概念组合的名词术语，全文要前后一致。外国人名可使用原文，不必译出。一般的机关、团体、学校、研究机构和企业等的名称，在论文中第一次出现时必须写全称。

4.2　数字

数字的使用必须符合现行有效的国家标准 GB/T 15835—2011《出版物上数字用法》的规定。

4.3　外文字母

文中出现的易混淆的字母、符号及上、下标等，必须打印清楚或缮写工整。要严格区分外文字母的文种、大小写、正斜体和黑白体等。

4.3.1　斜体

斜体外文字母用于表示量的符号，主要用于下列场合：
(1) 变量符号、变动附标及函数。
(2) 用字母表示的数及代表点、线、面、体和图形的字母。
(3) 特征数符号，如 Re(雷诺数)、Fo(傅里叶数)、Al(阿尔芬数)等。
(4) 在特定场合中视为常数的参数。
(5) 矢量、矩阵用黑斜体。

4.3.2　正体

正体外文字母用于表示名称及与其有关的代号，主要用于下列场合：
(1) 有定义的已知函数(例如 sin，exp，ln 等)。

大连工业大学 届本科生毕业论文（设计）

（2）其值不变的数学常数（例如 $e=2.7182818\cdots$）及已定义的算子。

（3）法定计量单位、词头和量纲符号。

（4）数学符号。

（5）化学元素符号。

（6）机具、仪器、设备和产品等的型号、代号及材料牌号。

（7）硬度符号。

（8）不表示量的外文缩写词。

（9）表示序号的拉丁字母。

（10）量符号中为区别其他量而加的具有特定含义的非量符号下角标。

4.4 量和单位

文中涉及的量和单位一律采用新的国家标准 GB 3100～3102—1993。

4.5 标点符号

标点符号的使用必须符合现行有效的国家标准 GB/T 15834—2011《标点符号用法》的规定。

大连工业大学　　　届本科生毕业论文（设计）

注：结论另起一页

结　　论

　　结论是理论分析和试验结果的逻辑发展，是整篇论文的归宿。结论是在理论分析、试验结果的基础上，经过分析、推理、判断、归纳而形成的总观点。结论必须完整、准确、鲜明，并突出与前人不同的新见解。

　　书写格式说明：

　　标题"结论"选用模板中的样式所定义的"结论"，或者手动设置成黑体，居中，三号，1.5 倍行距，段前 0 行，段后 0.5 行。

　　结论正文选用模板中的样式所定义的"正文"，每段落首行缩进 2 字；或者手动设置成每段落首行缩进 2 字，宋体，小四号，固定值 20 磅，段前、段后均 0 行。

大连工业大学　　　届本科生毕业论文（设计）

致　　谢

注：致谢另起一页

　　毕业论文（设计）的致谢中不得书写与毕业论文（设计）工作无关的人和事，对指导教师的致谢要实事求是。对其他在本研究工作中提出建议和给予帮助的老师和同学，应在论文中作明确的说明并表示谢意。这部分内容不可省略。

　　书写格式说明：

　　标题"致谢"设置成：黑体，居中，三号，1.5倍行距，段前0行，段后0.5行。

　　致谢正文每段首行缩进2字，宋体，小四号，行距固定值20磅，段前、段后均0行。

大连工业大学　　　届本科生毕业论文（设计）

注：参考文献另起一页

参考文献

（1）"参考文献"四个字字体为黑体，三号，居中，1.5 倍行距，段后 0.5 行；参考文献正文字体为宋体，五号，行间距取固定值 20 磅，段前、段后均 0 行，取消网格对齐选项。

（2）列出的参考文献限于作者直接阅读过的、最主要的且一般要求发表在正式出版物上的文献。参考文献的著录按文稿中的引用顺序排列，并在文内相应位置用阿拉伯数字（五号，宋体）置于"［　］"中以上标的形式标注，如"产学研[1]"。不得将引用文献标识置于各级标题处。

（3）作者一律姓前名后（外文作者名可缩写），作者间用"，"间隔。作者少于 3 人的应全部写出，3 人以上的只列出前 3 人，后加"等"或"et al."。

（4）文献类型标识参考国家标准 GB/T 7714—2015，部分列于下表。

文献类型和标识代码

文 献 类 型	标 识 代 码
普通图书	M
会议录	C
汇编	G
报纸	N
期刊	J
学位论文	D
报告	R
标准	S
专利	P
数据库	DB
计算机程序	CP
电子公告	EB

几种主要参考文献的著录格式和示例如下：

（1）专著（包括普通图书、学位论文、会议文集、标准、丛书等）

格式：［序号］主要责任者.题名：其他题名信息［文献类型标识/文献载体标识］.其他责任者.版本项.出版地：出版者，出版年：引文页码［引用日期］.获取和访问路径.数字对象唯一标识符.

［1］　胡承正，周详，缪灵.理论物理概论：上［M］.武汉：武汉大学出版社，2010：112.

大连工业大学　　　届本科生毕业论文（设计）

[2]　库恩.科学革命的结构：第4版［M］.金吾伦,胡新和,译.2版.北京：北京大学出版社,2012.

[3]　全国信息与文献标准化技术委员会.信息与文献　都柏林核心元数据元素集：GB/T 25100—2010［S］.北京：中国标准出版社,2010：2-3.

[4]　牛志明,斯温兰德,雷光春.综合湿地管理国际研讨会论文集［C］.北京：海洋出版社,2012.

[5]　马欢.人类活动影响下海河流域典型区水循环变化分析［D/OL］.北京：清华大学,2011：27［2013-10-14］.http://www.cnki.net/kcms/detail/detail.aspx?dbcode＝CDFD＆QueryID＝.0＆CurRec＝11＆dbname＝CDFDLAST2013＆filename＝1012035905.nh＆uid＝WEEvREcwSlJHSldTTGJhYlJRaEhGUXFQWVVB6SGZXeisxdmVhV3ZyZkpoUnozeDE1b0paM0NmMjZiQ3p4p4TUdmcw＝.

（2）专著中的析出文献

格式：［序号］析出文献主要责任者.析出文献题名［文献类型标识/文献载体标识］.析出文献其他责任者//专著主要责任者.专著题名：其他题名信息.版本项.出版地：出版者,出版年：析出文献的页码［引用日期］.获取和访问路径.数字对象唯一标识符.

[1]　程根伟.1998年长江洪水的成因与减灾对策［M］//许厚泽,赵其国.长江流域洪涝灾害与科技对策.北京：科学出版社,1999：32-36.

[2]　马克思.政治经济学批判［M］//马克思,恩格斯.马克思恩格斯全集：第35卷.北京：人民出版社,2013：302.

[3]　贾东琴,柯平.面向数字素养的高校图书馆数字服务体系研究［C］//中国图书馆学会.中国图书馆学会年会论文集：2011年卷.北京：国家图书馆出版社,2011：45-52.

[4]　ROBERSON J A,BURNESON E G.Drinking water standards,regulations and goals［M/OL］//American Water Works Association.Water quality ＆ treatment：a hand book on drinking water.6thed.New York：Mc Graw-Hill,2011：1.1-1.36［2012-12-10］.http://lib.myilibrary.com/Open.aspx?id＝291430.

（3）连续出版物中的析出文献

格式：［序号］析出文献主要责任者.析出文献题名［文献类型标识/文献载体标识］.连续出版物题名：其他题名信息,年,卷(期)：页码［引用日期］.获取和访问路径.数字对象唯一标识符.

[1]　金显贺,王昌长,王忠东,等.一种用于在线检测局部放电的数字滤波技术［J］.清华大学学报(自然科学版),1993,33(4)：62-67.

大连工业大学　　　届本科生毕业论文（设计）

[2]　何龄修.读顾城《南明史》[J].中国史研究,1998(3)：167-173.

（4）专利文献

格式：[序号]专利申请者或所有者.专利题名：专利号[文献类型标识/文献载体标识].公告日期或公开日期[引用日期].获取和访问路径.数字对象唯一标识符.

[1]　邓一刚.全智能节电器：200610171314.3[P].2006-12-13.

[2]　西安电子科技大学.光折变自适应光外差探测方法：01128777.2[P/OL].2002-03-06〔2002-05-28〕.http://211.152.9.47/sipoasp/zljs-yx-new.asp? recid＝01128777.2&leixin＝0.

（5）电子资源

格式：[序号]主要责任者.题名：其他题名信息[文献类型标识/文献载体标识].出版地：出版者,出版年：引文页码(更新或修改日期)[引用日期].获取和访问路径.数字对象唯一标识符.

[1]　萧钰.出版业信息化迈入快车道[EB/OL].(2001-12-19)[2002-04-15].http://www.creader.com/news/20011219/200112190019.html.

注意：书写参考文献时不要在一篇参考文献的段落中间换页。

大连工业大学 届本科生毕业论文（设计）

注：附录另起一页

附录 A 附录内容名称

以下内容可放在附录之内：

（1）正文内过于冗长的公式推导。

（2）方便他人阅读所需的辅助性数学工具或表格。

（3）重复性数据和图表。

（4）论文使用的主要符号的意义和单位。

（5）程序说明和程序全文。

（6）调研报告。

这部分内容可省略。如果省略，则删掉此页。

书写格式说明：

标题"附录 A 附录内容名称"选用模板中的样式所定义的"附录"；或者手动设置成：黑体，居中，三号，1.5 倍行距，段前 0 行，段后 0.5 行。

附录正文每段首行缩进 2 字，宋体，小四号，行距固定值 20 磅，段前、段后均 0 行。

附录F

毕业论文（设计）图纸排版规范要求

图纸的绘制应按照指导教师下发任务书中规定的图纸数量及图幅进行，建筑类图纸绘制应遵守 GB/T 50001《房屋建筑制图统一标准》、GB/T 50106《建筑给水排水制图标准》等建筑制图最新国家标准，机械类图纸的绘制应遵守机械制图最新国家标准。对于各专业使用的不同绘图软件，在遵守国家相关标准规范的基础上，由指导教师具体安排。

表 F.1 和表 F.2 为典型的图纸标题栏的示例。如果专业有规定，则按照专业规定的标题栏示例进行绘制。

表 F.1　常用图纸标题栏示例

大连工业大学××××届本科生毕业论文（设计）					
××××学院××专业			毕业论文（设计）题目		
班级	环工 191	指导教师	×××	平面布置图（图纸名称）	
学号	××××××××××	比例	1∶100	图幅	A1
姓名	×××	完成时间	2022.01.01	图号	01

表 F.2　机械类毕业设计常用标题栏示例

标记	处数	分区	更改文件号	签名	年 月 日	HT200			大连工业大学
设计	杨昕宇		标准化		20.05.06				Z轴底板
制图	杨昕宇					阶段标记	重量	比例	
审核								1:1	00-01
工艺			批准			共24张 第2张			

附录G

优秀毕业论文（设计）汇编排版规范要求

题目（三号，黑体，加黑，居中）

二级学院♯班级♯姓名（五号，仿宋体，居中）

指导教师♯姓名（五号，楷体，居中，与摘要间空一行）

摘要（黑体，五号，加黑）：摘要正文内容（宋体，小五号）

关键词（黑体，五号，加黑）：词（宋体，小五号，关键词间用分号隔开）

Abstract（Times New Roman，五号，加黑）：内容（Times New Roman，五号）

Key Words（Times New Roman，五号，加黑）：词（Times New Roman，五号，关键词间用分号隔开）

1　大标题（四号，黑体）

1.1　一级节标题（五号，黑体）

1.1.1 二级节标题（五号，宋体）

1.1.1.1 三级节标题（五号，宋体）

正文：♯♯♯♯♯♯♯♯（中文，五号，宋体；英文，五号，Times New Roman）

全文行间距及标题间距取单倍行距。

表 1.1　表名（五号，仿宋体，居中）

注：♯♯♯♯♯♯♯♯♯（六号，宋体）

图 1.1　图名（五号，仿宋体，居中）

表格采用三线表（表内无斜线、竖线）。公式的编号用括号括起来置于右边行末，其间不加虚线。若图表有标注，则标注写在表格下方，缩进一格。图、表、公式（图、表中的文字为六号，宋体）等与正文之间要有 0.5 行的间距。

参考文献（小四号，黑体）

[1] ##（小五号，宋体）

纸型、页码及页边距

纸　型：A4，上 2.54 cm，下 2.54 cm，左 3.18 cm，右 3.18 cm。

距边界：页眉 1.5 cm，页脚 1.7 cm。